U0535027

本书由浙江传媒学院浙江省传播与文化产业研究中心
资助出版

刘畅◎著

童年的镜像

中国童书出版与阅读文化建构

中国社会科学出版社

图书在版编目(CIP)数据

童年的镜像:中国童书出版与阅读文化建构/刘畅著. —北京:中国社会科学出版社,2021.2
ISBN 978 - 7 - 5203 - 7918 - 2

Ⅰ.①童… Ⅱ.①刘… Ⅲ.①少年儿童—图书出版—研究—中国②少年儿童—读书活动—研究—中国 Ⅳ.①G23②G252.17

中国版本图书馆 CIP 数据核字(2021)第 029110 号

出 版 人	赵剑英
责任编辑	郭晓鸿
特约编辑	杜若佳
责任校对	师敏革
责任印制	戴　宽

出　　版	中国社会科学出版社
社　　址	北京鼓楼西大街甲 158 号
邮　　编	100720
网　　址	http://www.csspw.cn
发 行 部	010 - 84083685
门 市 部	010 - 84029450
经　　销	新华书店及其他书店

印　　刷	北京明恒达印务有限公司
装　　订	廊坊市广阳区广增装订厂
版　　次	2021 年 2 月第 1 版
印　　次	2021 年 2 月第 1 次印刷

开　　本	710×1000　1/16
印　　张	15.75
插　　页	2
字　　数	178 千字
定　　价	88.00 元

凡购买中国社会科学出版社图书,如有质量问题请与本社营销中心联系调换
电话:010 - 84083683
版权所有　侵权必究

目 录

绪论 …………………………………………………………（1）

第一章　中国童书出版业概览 ……………………………（13）
第一节　中国童书出版业回溯 ………………………………（13）
第二节　场域视角下的童书出版生态 ………………………（30）

第二章　中国童书出版发展脉络 …………………………（51）
第一节　历史悠久的连环画出版 ……………………………（52）
第二节　绘本在中国的兴起之路 ……………………………（68）
第三节　新时期的新兴童书形式 ……………………………（79）

第三章　中国童书出版困境 ………………………………（88）
第一节　市场利益驱动的重复出版 …………………………（89）
第二节　艰难的国际化征程 …………………………………（98）
第三节　新科技与文化转向的冲击 …………………………（108）
第四节　全球化语境下的出版逆境 …………………………（114）

第四章 童书出版困境的原因 (121)
第一节 消费时代的拜物主义 (121)
第二节 数字时代的读图误区 (133)
第三节 良性阅读文化的遮蔽 (147)

第五章 童书出版的路径突围 (165)
第一节 内容层面的突围 (166)
第二节 形式层面的突围 (174)
第三节 产业层面的突围 (187)

第六章 童书出版与良性阅读文化建构 (202)
第一节 净化儿童阅读空间 (203)
第二节 助推良性阅读文化 (213)
第三节 回归儿童本位主义 (222)

结语 (229)
参考文献 (238)
致谢 (245)

绪　　论

现代出版业萌芽于19世纪末的上海，以1897年上海商务印书馆开启股份制的企业新形式为起点，在出版史上迈出了重要的一步。中华人民共和国成立后，社会主义制度逐步建立，国有制改革逐渐深入，在公有制经济的大背景下，20世纪50年代新中国成立了专业少年儿童出版社，为童书出版事业走向现代化奠定了基础。随后，伴随着越来越严峻的政治形势，历经席卷神州的政治风波以及全面动乱的十年，中国童书出版事业度过了一段艰苦的"停滞期"。好在新中国很快进入了正常有序的发展轨道，以改革开放为标志，中国社会再次发生重大转型，童书出版单位也逐渐完成由事业单位向企业单位的过渡，顺应着市场经济体制的大趋势，成为市场主体。20世纪90年代以来，随着新媒体时代的到来以及图像文化的兴起，拥有传播属性的童书出版事业也展现出新的特点。诚然，中国庞大的市场人口以及迅猛增长的经济体量使得当下的童书出版事业正处于高速发展的"黄金时代"，但学界仍然关注到童书出版行业的些许困境，对内的困境既包括出版行业本身的行为失范，折射出出版单位在市场利益和社会利益之间的艰难抉择，又包括在应对消费者日益增长的文化需求及严峻的版权竞争中作品本身暴露的短板；将目光外转，在全球化的语境中，讲好中国故事，形成中国文化在国际舞台上的强势输出地位，是时代赋予中国童书出版的使命。然而，在中国童书的国际化征途中，关于童书出版体系、原创童书作品质量与国际先进水平的差距，也在业界引起了广泛的思考。同时，处在一个日新月异的新时代，中国童书出版也难以规避新文化、新科技对行业本身的影响，消费主义文化不断解构着原属高雅行为的文学阅读，增加了童书阅读逐渐走向娱乐化、浅层化等不良倾向的可能性。数字出版技术和图像文化也深刻影响了儿童群体的阅读文化建构，给出版行业带来发展的新机遇的同时，也给中国童书出版业增加了新课题。

中国童书出版业困境的产生，原因必定是多元的、复杂的。剖析困境的表征及产生机理，不难发现，中国童书出版事业的价值取向、资本运作、营销宣传和审美适应性在复杂的社会文化语境中都不同程度地出现了新变化或新倾向。因此，童书出版的问题不能仅停留在单一的文化领域来讨论，它的背后是文化领域、经济领域、社会领域多方面作用的结果，且从文化和社会两个维度的分析尤为重要。进一步来看，造成童书出版困境的原因主要包括消费时代的拜物主义、数字时代的读图误区、良性阅读文化的遮蔽等。消费主义带来的功利风气深刻影响着童书出版业，成为童书行业重复出版、质量困境及审美失衡的重要推手。数字及图像的霸权陷阱不断重塑着儿童脆弱的阅读文化建构，引导他们将视觉感官的享受看作超越阅读本身意义的存在的危险倾向，在此文化背景下，出版单位为了利益的追求，就不得不迎合受众的审美倾向，图像符号就有成为童书创作的内容主体的可能，阅读图像符号就会成为儿童新的阅读习惯和认知世界的新方式，相应的，儿童将会排斥阅读文字的体验，进而影响他们对中华汉字、中华文化的认同。同时，我们也要看到，"儿童本位观"的缺失在童书出版困境中起到的不良作用。童书出版的主导者与决策者、童书的购买者从来都是成人，成人逻辑深度贯穿从童书创作、出版到购买的全过程，儿童始终处于从属的、被动接受的地位，最终会导致童书出版行业年龄定位不准、内容跟风同质化等困境的出现。

如何化危为机，深度剖析当前童书出版业的现状，阐述困境产生的社会及文化层面的原因，进而对当代童书业的发展路径提出建设性反思意见，在内容、形式、产业上形成突围是本书的应有之义。内容上来说，基于"儿童本位观"的创作理念应当成为行业共识，把握儿童的基本特点，遵循儿童的发展规律，同时注重题材创新，将积极引导当下的童书创作；形式上来说，要致力于保障出版形态的多元化，积极融合前沿科技，把握潮流走向，在装帧、设计等方面要体现艺术性和审美性；产业上来说，要重点把握童书创作人才养成，积极推进从业人员的素质提高，同时，优化童书出版产业机制，立足市场定位，制定个性化媒介融合出版路径，打造童书多媒体复合出版平台。通过上述思考，期望能窥探到童书出版行业的正确发展路径，给业界带来些许启示。

"儿童"的定义该如何界定？根据《联合国儿童权利公约》的规定，儿童是指未满18周岁的任何人，中国于1992年批准加入该公约，也即意味着承认这个"儿童"的概念。虽然在我国，大众意义上的"儿童"概念可能与此并不等同，在中国，很少将进入中学阶段的人视作儿童，而一般称呼为"少年"，而在国外，17岁仍被视为"儿童"的现象十分常见。随着全球文化交流的不断加深，国际出版界对童书的概念界定趋于同步，自从《联合国儿童权利公约》颁布后，尊重、保护0—18岁的未成年人日益成为一种普遍行为。在这种社会氛围的影响下，将童书的读者年龄统一在0—18岁逐渐成为出版界的行业自觉。童书，顾名思义，是少年儿童图书的简称，是供0—18岁少年儿童读者或者亲子共读的图书①。基于对国际通行概念的尊重，本书将童书界定为面向0—18岁读者的专业书籍，童书出版亦指广义上的童书出版，并将"少年儿童读物""少儿图书"等相关概念统一纳入童书的范畴进行考察。

依据童书的内容和形式可以对童书进行不同的分类，学者海飞在《童书海论》一书中将童书分为十大类，包含少儿文学、少儿知识类、低幼类图书、连环卡通类、少儿教育类、少儿教辅类、少儿百科类、少儿工具书类、少儿多媒体类及少儿引进类图书。目前，按照业界通用的标准及目前市场流行的童书种类，主要可以分为少儿文学、少儿科幻科普、图画绘本、少儿艺术等版块，前三个版块是中国童书出版市场的三大品类，近几年占据市场份额都在70%以上。少儿文学图书是以适宜少儿阅读特点的文学内容为主要表现方式的图书，例如少儿童话、少儿神话等；少儿科幻科普类图书以通俗易懂的语言来解释科学现象，普及科学观念，从而达到科学教育的目的；图画绘本是深受少儿受众喜爱的

---

① 海飞：《童书海论》，明天出版社2001年版，第3页。

一种品类，它通过生动形象的图像内容、轻松愉快的故事情节来提升受众的视觉体验。其他版块还包括少儿英语、低幼启蒙、少儿游戏书等形式，也在出版市场占据一定的份额。随着科学技术及社会文化的发展，童书出版也不断涌现出新的形式，近十年来数字少儿出版日趋流行，出现了如AR童书、VR童书等纸质内容与数字内容相结合的童书新形式，充实了童书出版市场。

追溯中国现代童书出版的发展历程，会发现它与五四新文化的出现有着很大的关系。作为一次伟大的思想解放运动，五四新文化运动重新定义了儿童的内涵属性，发现了儿童之于社会建设的独特性意义，希冀通过改造后的文化来重新塑造儿童，进而将之培养成追求爱国、民主、科学、自由的新青年。基于这样的文化认识，以鲁迅、茅盾、叶圣陶、郑振铎为代表的一大批有志之士积极投身于儿童文学出版实践，周作人更是提出"发现儿童"的口号，并肯定了图画书之于儿童阅读的重要意义。这一批具有先见之识的学者以自身艰苦卓绝的努力，为中国童书出版事业的发展打下了根基。

1949年中华人民共和国成立至"文革"前夕的1966年，这十七年间中国童书出版在党和国家的高度重视下取得了突破性的成绩。中华人民共和国成立之初，童书出版事业亟待发展，广大儿童"无书可读"的情况较为严重，1950年全国仅出版少儿读物466种，总印数573万余册。此后，国家先后成立两家专业的少年儿童出版社，并且高度支持文化事业的发展，重视儿童教育工作，不断整合私营出版社资源，经过十余年的发展，到1965年，全国累计出版少年儿童读物19000余种，总印数达6.7亿册，童书出版事业良序发展，广大少年儿童的"书荒"现象得到缓解。

可惜，随后爆发的"文化大革命"阻碍了中国童书出版事业的进一步发展，随着政治批判运动不断深入文化产业，动乱局面进一步扩大，童书出版基本陷入停滞状况。

从1978年国家确立改革开放为基本国策开始，中国童书出版事业翻开沉重一页进入了发展的新历程，随着拨乱反正工作的深化，文化事业迎来了全面复兴，国家不断出台纲领性文件指导童书出版工作，一大批出版家重新回到工作岗位，大批儿童文学家恢复了名誉，重新开始儿童文学创作，新的专业儿童出版社不断涌现，形成了覆盖全国的出版格局。到1985年，中国已拥有25家专业童书出版社，该年出版儿童读物4192种，出版童书917万册。90年代以后，随着市场经济体制的不断确立，童书出版也出现了新特点。社会主义市场经济制度下的童书出版事业具有双重属性，它是公益性和盈利性兼具的文化产业。在此之前，国内的童书出版更多地强调社会教化作用，例如连环画，作为中华人民共和国成立后最主要的童书出版形式之一，曾在历史舞台上活跃了相当长的一段时间。基于它通俗易懂、生动有趣的艺术特色，在普及文化素养、增进大众文化品位尤其是进行政治宣传方面能够发挥巨大功用，仅1982年，全国就出版连环画2100种8.6亿册，占当年图书出版总量的三分之一强。伴随着市场经济的不断发展，新技术的不断涌现以及市场的持续开放，国内童书出版文化出现转向，市场意识开始觉醒，国外的绘本、图画书、科幻作品争先涌入中国市场，形成了引进版权和原创版权抢夺市场的局面；同时，基于市场形势的不断变化及消费者不断增长的市场需求，数字少儿出版产品日益普及，涌现了多种新型童书，更是深刻影响了中国童书出版的市场格局。得益于中国市场经济的发展及社会对儿童教育的普遍重视等因素，中国童书出版规模不断扩大，时至今日已经成为当之无愧的出版大国。但我们也应该看到，在社会效益和经济效益的权衡中，一些出版单位出现了选择失当的现象，背后深层的原因是在利益驱使下放弃了行业该有的艺术追求与出版操守。值得指出的是，即使是在市场经济高度发达的今天，承担社会赋予的儿童教育责任，仍然是出版单位最本位的追求。

中国拥有近4亿少年儿童，他们的成长教育状况直接关系到中华民族的未来。从国家层面到基层群众，都深刻认识到儿童教育的重要性，而童书在儿童教育的养成过程中能够扮演非常重要的角色。书是人类进步的阶梯，通过阅读童书，少年儿童可以养成良好的性格素养，培养正确的价值观念，提高自身的文化素质。少年儿童期正是思想教育及文化素质养成的关键时期，而书籍一直被视为最可靠、最便捷的儿童教育工具，几千年来一直承载着教化儿童的社会功用。童书的出版事业不断壮大既可以加速童书的流通，源源不断地给儿童提供宝贵的精神食粮，又能够扩宽儿童教育的路径，保证儿童教育的实施。可以说，童书出版事业肩负着重要的社会使命。另一方面，重视儿童教育也是一个国家文明进步的标志。儿童的发展状况直接影响着中华民族明天的命运，也是中国能否保持发展力的重要因素。2004年，中共中央、国务院颁布《关于进一步加强和改进未成年人思想道德建设的若干意见》，同年召开全国加强和改进未成年人思想道德建设工作会议，展示了国家开展儿童教育的决心；2011年，国务院颁布《中国儿童发展纲要（2011—2020年）》，从儿童健康、教育、法律保护和环境四个领域提出了儿童发展的主要目标和策略措施。十年来，中国的儿童群体发展环境和发展条件不断得到改善，儿童教育工作进一步深化，儿童权利保护进一步落实，彰显出国家对儿童群体发展的人文关怀和制度落实。同时，这些文件指引着中国童书出版的发展方向，成为当代童书出版的纲领性文件，客观上为中国的童书出版事业提供了良性发展的制度保障。此外，童书出版事业在图书出版行业往往占据着举足轻重的经济地位，作为一个国家出版事业中强势增长的版块，为市场源源不断地注入活力。以中国的数据为例，截止到2019年，童书年产值连续十七年以两位数的增幅增长，是出版行业中最具市场活力、发展形势最好的一个版块，成为拉动并提升中国出版业发展的"领涨力量"。因此，基于童书出版对儿童教育、行业经济如此巨大的助推力，为了保障童书出版事业持续、健康地发展，对目前童书出版进行细致的考察与反思，对存在的问题进行探讨有着强烈的现实意义。

从另一维度说，中国童书出版历经百余年发展历程，见证了诸多历史时刻，俨然一部生动的童书出版演进史，童书出版本身已成为一种重要的"出版现象"①，因此将当代童书出版事业的反思纳入学界视野，有着不凡的理论意义。一方面，能够填补中国童书出版研究的理论空白。尤其是当前结合时代语境，侧重对当下童书出版实践进行反思的学术性著作尚属稀缺，结合社会文化层面，对童书出版同当下阅读文化建构的有机联系作一个学理性批判，在当下是具有先导性的学术尝试。我们可以看到，童书出版领域还存在巨大的诠释空间，作为出版业重要的一个分支，它

---

① 崔昕平：《中国童书出版纪事》，希望出版社2018年版，第3页。

在市场上得到了广泛的重视，但在出版学领域尚缺乏针对性的研究，本书所作的一些尝试，如梳理主要童书出版物的发展脉络，剖析当下童书出版的生态环境，解读新时期下的童书出版困境，等等，也算是对童书出版理论知识的些许补充。另一方面，将视野投入当下，对童书出版进行学理研究，是为了更好地指导当下的童书出版实践。童书出版强调市场属性，出版单位作为市场企业，有着谋求自身发展的利益需求。因此，童书出版实践是具有特殊性的一项实践活动，它追求社会效益和市场效益相协调的运行机制。结合当下童书出版出现的种种困境，如能深入研究困境产生的机理，从内容、形式、文化、产业等维度对它的突围路径做一个研究梳理，或能指导童书出版行业突破自身局限，解除行业桎梏，形成良性发展势头。

　　在中国，将出版学作为一门学科来进行理论研究始于20世纪80年代。经过近40年的发展，关于中国出版学及编辑学的研究已经进行得非常深入，学术著作频出，理论资料逐渐翔实，关于中国出版史的脉络也梳理得愈加清晰。但值得一提的是，目前国内学界集中于对出版界的史实梳理和整体概括，针对童书出版而撰写的学术著作数量还非常少，很显然这一块还没有引起学界的足够重视。

　　在儿童文学研究领域，有不少学者已经做了前期的探索工作，取得了丰硕的学术成果。例如高洪波的《改革开放三十年的中国儿童文学》，考察了1978—2008年这一期间的中国儿童文学，精心挑选了三十年间具有代表性的优秀儿童文学作品，理论部分既有宏观扫描，也有专题解析、现象观察；文献辑存部分则包括了改革开放三十年中国儿童文学纪事、改革开放三十年中国原创儿童文学图书书目辑要等内容。方卫平所作的《中国儿童文学四十年》,以亲历者和建构者的双重视角,对1977—2017年的中国儿童文学史进行了一次详细的梳理,作者将这四十年的儿童文学发展概括为新时期开启、探索期、市场化时代及新世纪四个阶段,每个阶段又具有鲜明的特征,描述了中国儿童文学从"精英式写作"到"市场化写作"的艰难转型,从"成人化写作"到"儿童本位观"的审美回归,以及新媒介时代儿童文学遭遇的普遍困境等方面的内容。何家欢所作的《儿童文学:讲述主体与对象主体——1980—2010年代儿童文学童年叙事研究》,主题非常突出,重点考察了1980—2010年这三十年来的儿童文学关于童年的叙事逻辑,分析不同时间段中国儿童文学童年叙事的不同表征,从社会、文化、历史等维度对其形成机理进行解读,分析不同话语对作家建构儿童主体的影响,寻找不同时期儿童文学对话关系变化的线索与轨迹,极具理论深度。

但是在童书出版领域,目前的学术著作是比较缺乏的。基本上只有海飞的《童书海论》《童媒观察》、崔昕平的《中国童书出版纪事》以及李学谦的《童书出版的理想与逻辑》算是针对童书出版的研究著作。出版于2001年的《童书海论》贵在全面,对少儿图书的概念、分类、出版体系、市场营销以及发展方向都做了一个概述,同时亦具备国际视野,普及了海外童书展览及国际会议的情况,介绍了海外童书出版的先进经验,同时还有专门的章节对国内童书出版的管理进行阐述,是一本较为全面的关于童书出版的著作,囿于出版年代距今已有二十年的局限,书中对新时期出现的童书出版新特点、新动向未曾涉及。崔昕平所著的《中国童书出版纪事》以翔实客观的笔调书写了中国当代童书出版史,将1978—2010年的三十余年细分为恢复期、转型期、探索期、步入市场期、畅销书引领期、多元发展期、体制剧变期七个阶段，从童书数据、书业背景、童书业重要书事、出版大事记四个方面详细介绍了三十多年来中国童书出版从弱到强的全过程。该书数据十分详细，资料非常齐全，极具史实价值，以一种记录式的书写方式为中国童书出版史研究提供了可贵的学术资料。李学谦的《童书出版的理想与逻辑》是2020年新出的一本著作，它整合了几十篇涉及童书出版的文论，侧重于当下语境，更多的是从出版人的视角对童书出版的发展方向、行业现状进行考量，是对中国童书出版工作的经验总结与前景展望。

　　以上学者辛勤而细致的撰写工作为童书出版的研究提供了参考价值相当高的学术资料，也为本书提供了可供借鉴的思维视角。同时由上文可见，关于中国童书出版研究的著作还比较匮乏，尤其是在童书出版行业发展日新月异的新时期，如果能以专业的笔触回溯中国童书出版的发展脉络，以艺术的视角来审视童书出版场域的结构及运行机制，最终结合当下的语境以问题意识反思当下困境表征，并寻求突围路径，将是一次极有意义的学理尝试，同时也是童书出版业一项重要且紧急的工作。一方面，中国童书出版业发展至今，已经有500余家非专业少年儿童出版社，30余家专业少年儿童出版社，他们之中的90%都有从事童书出版业务，尤其是进入21世纪第二个十年，整个儿童图书市场的消费投入不断增长，童书销售规模迅猛增长，造就了中国"出版大国"的繁荣局面，同时亦给行业带来了一系列衍生问题，带来了一些行业乱象，因此在童书出版行业如此火热的背景下，进行一些"冷思考"是非常必要的，或许能启发出版行业形成反思意识，回归童书出版本质。另一方面，进入21世纪，童书出版行业的新形势不断在变化，一是出版形式不断在变化，纸质出版和数字出版相结合的出版模式已在业界蔚然成风，数字媒体及可交互媒体不断融入童书出版之中，使童书出版呈现出前所未有的产品形态及信息表达方式，并悄然改变了大众的阅读文化结构，对传统的少儿阅读思维有一定的消解；同时，产业链结构在变，媒介与营销的手段也在变，"跨界"营销成为行业热词，在推广和运营方式上不断结合新业态，使得童书的营销手段更加丰富。随着新科技的不断运用和市场的细分及开拓，童书出版行业的新特点不断涌现。因此，对现阶段的童书出版做一个行业及文化上的考察，及时探测到行业形势，预测行业发展趋势，尽早剖析行业问题，最终建立良性出版机制，立足多元出版形态，在业界形成"回归儿童"的出版风气，达到推广良性阅读文化、净化儿童阅读空间的社会目的，使本书具备了有别于其他著作的特殊性。

一言以蔽之，中国童书出版的研究领域有着巨大的深耕空间。通过回溯中国童书出版历史，梳理主要童书出版物的发展脉络，将使童书出版的发展史变得直观而清晰，最终的落脚点是指导当下的童书出版实践，针对当下童书出版生态进行学理考量，讨论良性儿童阅读文化的建构路径，以问题意识对当下童书出版出现的困境进行详细剖析并提出建设性意见。以上诸多工作的进行或许能给业内带来一定的参考价值，同时，囿于学术能力及学术视野的有限，本书难免存在不足和疏漏之处，敬请大家批评指正。

第一章　中国童书出版业概览

在绝大多数人的成长历程中，童年时代总是和书籍结下不解之缘。不论是图文并茂的小儿连环画，还是轻松搞怪的儿童漫画，抑或是制作精美的儿童绘本，相信都给曾经的孩童时光带来过欣喜和感动。自民国时期，中国便产生了现代童书出版的萌芽，经过中华人民共和国成立、改革开放、图像景观时代、新媒体时期等一系列岁月的沧桑巨变，中国童书出版历史也越发厚重起来。将视野转回当下，尝试用布尔迪厄的场域理论对当代童书出版生态进行学理上的分析，剖析权力场域和文化场域对中国童书出版规模的积极推动作用；同时，分析新媒体环境下的当代童书出版格局，阐述国内童书出版产业链的具体结构及遭遇的瓶颈，以期给业内带来一定价值的参考。

第一节　中国童书出版业回溯

俗话说，教育要从娃娃抓起。儿童教育的重要性是不言而喻的，而童书出版则承载着儿童教育的部分功能，对儿童的身心发展起到非常重要的作用。师曾志在《现代出版学》中对"出版"的定义是"将文字、图画、声音、图像、数字或符号等信息知识记录在一定介质上，并进行复制、向公众传播的行为"，中国童书出版历经百年沧桑风雨，在新时期焕发着强大生命力，而回溯其发展的过程，可以让我们更加了解中国童书出版的发展脉络和发展逻辑，为中国童书出版史的建构提供可供参考的现实材料。

20世纪20年代，伴随着五四新文化运动如火如荼的开展，新的社会思潮涌动，儿童教育的重要性被重新发现，现代童书出版出现萌芽，一大批有为之士投入童书出版事业中，以期重新塑造国民性，观照祖国未来。囿于当时国情孱弱、民智未开的社会现状和经济水平的低下，童书出版事业虽然取得了一定的发展，但仍然举步维艰。中华人民共和国成立以来，中国社会在政治、经济、文化等方面都经历了重大变革，给文化事业的繁荣带来了契机，也为中国童书出版业带来了发展的春天。在百废待兴的大环境下，20世纪50年代我国先后成立了两家专业的少年儿童出版社，促成了新中国童书出版的新格局，在随后的十年"文化大革命"中，中国童书出版业进入了暂时的低潮期，但仍然继续为中国少儿的教育养成工作作出了巨大贡献。1978年以来，伴随着国家改革开放的脚步，中国童书出版业也再次迎来了新纪元，进入飞速发展的新时期。20世纪末，伴随着信息化时代的到来，加之国际环境的好转，中国的童书出版行业也相应发生了一系列演变。进入21世纪以来，尤其是近十年，中国的童书出版更是乘着发展的春风，取得了令人瞩目的发展成就。几十年沧桑巨变，中国童书出版业的发展也是对新中国文化变迁的伟大印证。

一　中国现代童书出版的萌芽期

五四新文化运动一个伟大的文学功绩便是肯定了文学的启蒙意义，看到了其在塑造国民性进程中的强大生命力。新文学的先驱们以文学为旗帜，揭露社会现实，以引起国人的觉醒。同时他们主张重新发现儿童，树立儿童本位观，以塑造新儿童而达成培养崇尚民主、科学的社会建设者之目的，鲁迅、茅盾等作家先后投身于儿童文学创作，对儿童群体的健康成长赋予深刻观照。作为新文化运动的重要补充内容，五四时期的童书出版推动了中国对于儿童教育的认知，意味着中国对于新生命的思考有了一个更积极的视角，从这个维度讲，五四时期的童书出版，无论是对于国民思想的开蒙，还是国民阅读文化的重新建构，都是功勋卓著的。

中国的童书出版在五四时期具备鲜明的特点。一方面，它更多的是一种文学自觉而非商业利益行为，非功利性的特点非常显著。当时的国情是社会积弱贫困，列强虎视眈眈，国民文化素质整体偏低，在一大批仁人志士的身体力行下，才开创了中国童书出版的新纪元。当时的童书出版多是民间行为，官方力量并没有多加参与，这种文化自觉性反映出当时的文化圈更多地将童书出版视为救国图存、保国保种的自救手段，童书出版发展的内因是基于民族生存的压力，而不是经济利益的驱使。基于这种特点，中国童书出版在当时肩负着社会责任，有着社会公益的色彩。正是由于当时的童书出版完全依靠出版人去争取市场和读者，囿于社会购买力的整体低下和对儿童地位的认知局限，才导致出版市场狭小，生存艰难。但我们无法忽视当时的童书出版行业所作的历史贡献。

值得一提的是，当时童书出版这种非功利性的色彩与五四时期救亡运动的兴起是紧密相连的，五四运动的旗帜是"民主"和"科学"，它致力于破除旧思想给人的桎梏，主张用新视角、新思维重新对社会问题进行反思和探索。应该看到，在五四运动前的儿童文学，对儿童的个体价值缺乏认识，也没有深刻审视儿童阶段身心发展的独特性，在这种思想下主导的儿童文学实践，便很难逃脱"儿童刊物成人化"的弊端。当时的儿童刊物如《儿童教育画》《中华童子界》虽开风气之先，却难以掌握儿童刊物的出版特点，以致刊物充斥着帝王将相的故事形象，有失儿童刊物的专业性。五四文化运动对旧思想进行深刻的否定，促使社会对"儿童"重新进行科学的认识，这种思维的转变也深刻影响了儿童文学的创作，自然也促使了儿童文学出版出现新内容、新特点。例如五四运动之后，各大书局争相出版儿童文学丛书作品，如商务印书馆出版小学生文库 500 册、幼童文库 200 册；中华书局出版小朋友文库 450 册；大东书局出版新儿童基本文库 340 册[①]；等等，这种出版现象的发生反映出当时的出版单位已经形成了专为儿童创作或改编的出版意识。

另一方面，当时的出版从业者整体素质较高。简言之，这是当时的社会精英进行的一场救国尝试，是用文学这项工具着手进行国民性改造。大部分出版人不仅有专业的出版知识，本身也具备极强的儿童文学创作功底。这个群体能够深刻认识到儿童群体之于社会发展的重要意义，也能够付诸行动投身文学创作实践。例如郑振

---

① 冯敏：《五四时期儿童读物的出版》，《湖北第二师范学院学报》2008 年第 12 期。

铎，在上海商务印书馆从事过一段时间的编辑工作，认识到中国社会没有一本专门的儿童刊物，他便着手出版《儿童世界》这一刊物。1922年，他主编的《儿童世界》在上海问世。这本刊物是当时第一本真正尊重儿童心理和阅读习惯的刊物，它图文并茂，编排合理，还运用了当时少见的彩色封面，并精心挑选儿童故事，郑振铎不仅负责刊物的编排出版，同时也积极进行儿童文学创作，撰写的《小人国》《花架之下》都尤其精彩。以《儿童世界》为文学阵地，一大批优秀作家如叶圣陶、许地山不断创作、译介优秀儿童文学作品，很快，《儿童世界》不仅在内地读者里深受欢迎，而且风靡中国港澳、日本、新加坡等国家和地区。

此外，当时的童书出版家多有新文化运动干将背景，本身对于文学的重要功用，对于当时社会的积弊都有独特认识，这种认识也指导了他们的童书出版实践。许多出版家集多重身份于一身，像叶圣陶，不仅是新文化运动的中坚力量，也是优秀的儿童文学创作者和出版家，在之后的儿童文学实践中，他不断加深了对儿童情感世界和思维特点的认知，不断掌握儿童教育的规律，更是成为儿童教育家。

五四时期的童书出版不仅丰富了新文化运动的内涵，也推动了中国儿童文学和儿童教育的现代化进程，但同时也有其时代局限性。一方面是影响力有限，主要集中在大城市，未能以点带面，深入发散至全中国，在促成中国童书出版新格局方面作用有限，并且当时的童书出版始终未能获得官方认可，取得官方扶持，因此也限制了童书出版空间的进一步发展。另一方面是当时的童书出版形式有限，品类单一，主要集中在儿童文学作品类，以故事集、童话为主要形式，缺乏儿童科普、连环卡通、儿童百科等在国外风行已久的作品，不利于开拓读者群体。这与当时中国童书出版正处于萌芽期有很大原因，而国外此时童书出版的进程已逾百年。

今天我们肯定五四童书出版的历史地位更多的是强调它的启蒙意义和首创意义，在那个内外交困的年代，它是一场致力于用儿童文学改变中国儿童的伟大文学实践。不可否认的是，它所进行的一系列出版实践活动告诉了后人一个朴素的真理：任何童书出版活动都应该是以儿童本位观为指导的文化实践活动，都不能忽视儿童身心发展规律。并且，不能一味追逐商业利益，应该认知到童书出版对于国家人才培养的重要意义。从五四到今天，童书出版走过百年风雨，正是沿着五四文化先驱者开创的这条正确道路，才有了蓬勃发展的今天。

二 "十七年"间的中国童书出版

1949年中华人民共和国成立，新政府认识到出版行业对于社会主义精神文明建设的重要意义，高度重视文化事业，也翻开了中国童书出版新的篇章。"十七年"（1949—1966）童书出版是在社会主义思想指导下的童书出版实践，有着独特的历史印记和文化逻辑，给中国童书带来了新的出版内容、出版思想以及出版格局。

新政府深刻理解了毛泽东在《在延安文艺座谈会上的讲话》中的话语逻辑，尝试执行"文艺是为工农兵服务的"这一思想，深刻洞察文学与体制的对话特点、文学的政治功用等关键问题，从而指导新中国文学实践。在此期间的童书出版与新中国文学发展自然有一致性，也受到了新中国的热切关注和大力支持。1949年11月，新中国立即成立出版总署，统筹出版行业全局发展，展示了新中国重视文化出版的高效与决心。1952年12月，少年儿童出版社在上海成立，是新中国第一家以孩童为受众的专业出版社。1956年，在北京由团中央创办了中国少年儿童出版社，壮大了我国童书出版力量，形成了"南有上少，北有中少"的少儿出版新格局。并且，随着社会主义改造在1956年基本完成，私营少儿出版社的改造工作也顺利完成，规范了童书出版的各种乱象，增加了新版再版的童书数量。

中华人民共和国成立之初，全国的童书出版环境是不容乐观的。1950年全国出版的少儿读物仅有466种，总印数573万册，其中种数的70%、印数的59%是私营出版社出版的。当时全国有一亿多儿童，但人均书本持有量才0.06本，相当于十七个小孩才有一本少儿读物，"书荒"非常严重。到1965年，历经十多年的建设，全国累计出版少年儿童读物19600余种，其中新版10700余种，总印数6.71亿册，总印张10.48亿张，新中国童书出版事业得到初步发展，广大少年儿童的"书荒"现象得到一定程度的缓解。

从发展特点来看，以1960年为分野，前后呈现出不一样的阶段特点。50年代新中国为童书出版提供了较好的出版环境，有国家层面的正确引导和大力支持，有相对宽松的文艺政策，以及全体从业者对童书出版的艺术追求和辛勤劳动，总体上看"50年代儿童文学的基本精神是健康的、向上的，50年代儿童文学的写作姿态是认真的、严肃的"[1]，代表着这一时期的童书出版的走向也是基本合理的。

---

① 王泉根：《"十七年"儿童文学演进的整体考察》，《中国现代文学研究丛刊》2019年第4期。

进入1960年，随着日渐紧张的政治氛围，儿童文学脱离"儿童本位创作观"的倾向愈加明显，儿童文学创作"公式化""扁平化"的弊端日益明显，大量的作品忽视了儿童文学的审美标准，充斥着单一的故事塑造和过多的政治说教，影响了童书出版的健康发展。1960年，在北京举行了全国教育和文化、卫生、体育、新闻方面社会主义建设先进单位和先进工作者代表大会，林枫向大会作了《大搞文化革命，实现工农群众知识化，知识分子劳动化》的报告，会议也特别强调文化教育工作者必须把自己的政治思想水平提到新的高度，才能更有力地推动文化革命新高潮。童书出版受到政治因素的制约越来越明显，一些老艺术家尖锐地批评了这种倾向，如茅盾就撰写长文《六零年少年儿童文学漫谈》，呼吁尊重儿童的身心不同发展阶段来进行创作。

毫无疑问，"十七年"间的童书出版，承载了建构新中国文化事业的部分功能，是新中国文化战线建设重要的一环，是革命时期文艺思想逻辑在童书出版业的延续，新中国将其纳入了革命建设的范畴，从国家层面进行扶持，利用社会主义公有制的优点，逐渐使中国童书出版体制化、成熟化，为改革开放后童书出版的快速发展提供了契机。当然，在这个进程中，童书出版不可避免地深受政治层面的影响，某些作品过多地强调政治目的，而忽略了艺术的审美性。

三 市场经济体制背景下的童书出版

"文化大革命"自1966年爆发，此后十年，一场由意识形态批判发展而来的全国性政治运动在中国肆虐，深刻影响了中国的政治、经济、文化发展事业，在此期间童书出版基本也陷入了停滞状态。1976年"文化大革命"结束，随后中国在诸多领域"拨乱反正"，百业待兴，沉疴顿愈，中国童书出版行业迎来了复兴的契机。虽然"文化大革命"给中国儿童文学出版事业带来的伤害，不仅是数量上，更是思想观念上的，但历史的书卷已经翻过这沉重的一页，童书出版的春天正缓缓到来。从改革开放到中国市场经济体制初步形成的这二十多年时间，中国童书出版行业稳扎稳打，在改革的时代潮流中，不断适应新形势，应对新挑战，取得新突破。

1978年，在江西庐山召开了《全国少年儿童读物出版工作座谈会》，教育部、文化部、共青团中央、各省市出版社代表及优秀儿童文学作家代表等齐聚一堂，共同探讨中国童书出版业的明天。会议深刻指出了反革命集团对全国少儿出版事业带来的危害，旗帜鲜明地传达了中央对少儿出版的重视以及解除少儿出版桎梏的决心，各代表就如何为下一代出版更多优秀作品争相进言，讨论并修改了《关于加强少年儿童读物出版工作的报告》，并在会上对今后出版工作的思路进行了商议。与会代表对当时少儿读物出版的现状普遍忧心忡忡，1978年全国仅有2家专业童书出版社，每年出版的童书不足200种，全国仅有200位儿童文学编辑、20位左右专业儿童文学作家，中国的下一代面临着严重的"书荒"，在如此严峻的现实面前，此次大会顺时而行，契合了创作界、出版界和全国读者的心愿，使得这次大会空前成功，取得了显著的效果。随后，国家进一步执行"拨乱反正"的方针，大刀阔斧地改革童书出版业弊端，1979年国家出版局召开全国出版工作会议，确立"立足本省，面向全国"的出版方针，促进了地方专业出版社的诞生进程，童书出版的形势进一步好转。

到 1985 年，全国已经有 25 家专业童书出版社，形成了基本覆盖全国的出版格局，此外，在数量和质量上都出现了总体提高的趋势。1978 年全国仅出版少儿读物 1062 种，印数仅 255 万册，至 1985 年，全国全年共出版儿童读物 4192 种，印数 917 万册①。其中，《365 夜》《世界五千年》等科普作品累计发行超过百万册，填补了童书出版市场的空白，开拓了少年儿童的精神世界，表明了"去政治化"的出版诉求，中国童书出版事业开始从"文化大革命"的阴影中走出，奋力开创新格局。

在经历了 1978—1985 年宝贵的八年恢复期之后，随着改革开放程度的加深，以经济建设为中心的国家发展方针的确立，奠定了中国发展的新基调。1992 年，党的十四大统一了认识，把建立社会主义市场经济体制作为我国经济体制改革新的目标，从思想上指明了国家经济发展的方向，开始了市场经济的伟大探索。经过十年的发展，到十六大召开时，我国初步确立了社会主义市场经济体制。中国童书出版业也迎来了新的机遇和挑战。

机遇一是国家良好的经济形势和基于庞大人口基数的童书市场发展保障。国家结束了"以阶级斗争为纲"的"文革"语境，经济建设的重要性愈加深入人心，破除了计划经济带来的巨大弊端，社会主义制度的强大优越性逐渐凸显。从 1985 年至 2002 年，中国 GDP 年平均增长率超过 8%，人口从 10.5 亿增长到 12.8 亿，人均可支配收入的提高意味着家长有更多的教育资金投入儿童教育之中，庞大的儿童人口基数也保障了童书出版的市场规模。在这样的背景下，少儿读物出版从 1986 年的 3448 种猛增到 2002 年

---

① 崔昕平：《中国童书出版纪事》，希望出版社 2018 年版，第 43 页。

的 7393 种。

机遇二是出版行业的学术性建设及人才培养工作也开始起步。1985年，北京成立中国出版科学研究所，该研究所致力于为出版管理机关、出版单位提供出版理论、出版政策、出版科学等方面的支持，普及出版政策、出版法规，总结出版经济规律、出版企业经营与管理经验。从1985年起，该研究所连续组织多届全国出版科学学术研究会，给全国的出版从业者提供了一个学术交流的平台。此后，全国各地都出现了出版研究会、出版学会等学术研究组织，出版行业的学术体系逐渐建立起来。此外，专业的出版学术期刊也开始公开发行，《中国出版》《科技与出版》《出版发行研究》等刊物为广大出版行业者提供了理论交流平台。最后，国家的出版人才体系建设也逐渐健全，越来越多的大学开设出版专业教育，培养出版专业人才，从专科生到研究生的教育培养梯次逐渐完善起来。

机遇三来自不断丰富的出版文化交流及合作形式。一是兼顾交流合作与书本销售的大型书展开始出现。1986年，在北京举行了全国图书展览会，开风气之先，有300多家出版社参加，参展刊物达35000余种①。此外，较早的还有全国书市，后更名为全国图书交易博览会，1989年在北京召开，此后，分别在广州、成都、武汉、深圳、长沙等城市举办，至2019年已经举办了29届；国际上的出版文化交流也很快进行，1986年经国务院正式批准创办的北京国际图书博览会，至2019年已举办了26届，它秉持着"把世界优秀图书引进中国，让中国图书走向世界"的发展宗旨，

---

① 袁琦：《对我国出版工作的盛大检阅——记"全国图书展览"》，《中国出版年鉴1987》，中国书籍出版社1988年版，第34页。

以扩大中外合作出版和版权贸易、发展图书进出口贸易为经济诉求，强有力地推动着中国童书出版的发展建设。1978年以来，我国少儿出版界先后与50多个国家和地区的600多家出版社建立了合作交流关系。

伴随着市场经济意识的苏醒，一种强大的无形的调控力量也在深深影响着童书出版行业，这只"看不见的手"便是市场。市场经济体制在中国的逐步确立，意味着中国童书出版行业社会环境将急剧变化，市场意识导向下的出版文化日益解构着一贯的由政治力量助推的童书出版格局。不同于政令的威严决断，市场因素的力量是无形的，难以捉摸的，但一样也深远影响着商品化时代的童书出版。以市场为导向的行业意识逐渐苏醒，一定程度上也影响了童书写作的审美追求，市场与艺术、作者与读者，商品属性和文学属性在这个出版场域相互融合和碰撞，中国童书出版行业在这历史转型期进入了一个充满挑战的时代。

一个巨大的挑战来自行业自身观念转变不及时及应对转型的反馈滞后。对于刚刚结束"文革"语境的童书出版业，习惯了国家指令和官方扶持，必须得从以往的出版模式，即一门心思地建设社会主义文化、培养社会主义新人，过渡到一个要考虑艺术与市场、读者与接受等新命题的阶段。尤其是在社会主义市场经济体制建设目标的提出之后，童书出版业一个绕不开的话题便是"利润"，如何在竞争激烈的市场中获取更多的利润，成为关系到出版社生死存亡的重要问题，在纯粹的儿童文学出版和市场利益追求两者之间，出版社在追求一种平衡。但市场经济时代的力量是如此迅猛，快速、深刻地改变着中国的社会思维和经济环境，对于长期受计划经济体制保护的童书出版业来说，暴露出一些应对不及时的局限性。1993年，我国的出版社增长到540余家，出版品种达到10万种，相较1978年增长了85000种，但是出版实物量却没有显著提高，相较1984年的数据差别不大，分析原因，正如学者阎晓宏所说："以扩大生产要素为主要手段来实现增长，这是比较典型的粗放型经营的特征。"[①] 面对日益激烈的童书竞争，出版社虽然暴露出一些生产机制的粗放问题，但随着行业经验的不断累积，也顺利完成了童书出版的商业转型，稳步步入高速发展的新时期。

四 新时期背景下的童书出版

进入21世纪，以出版业的体制改革为内部动因，以中国加入世界贸易组织为外部契机，中国童书出版的市场环境进一步深化。

这个阶段的出版社体制改革，以中国共产党提出的《中共中央关于制定国民经济和社会发展第十个五年计划的建议》为重要契机。这个报告首次肯定了文化产业的概念，标志着我国对于文化产业的认可；随后，2003年召开的中共十六届三中全会中通过了《中共中央关于完善社会主义市场经济体制若干问题的决定》，明确提出文化体制改革的具体要求，出版业的改制工作正式拉开帷幕。出版社逐渐由事业单位转为企业，参与市场经营，国家同时支持出版社重组、兼并，以集团化企业参与对境外版权的竞争。这个阶段的出版社改制工作顺应了市场经济潮流，确立了现代企业制度，使得出版社能够以更加完善的形态参与市场竞争。

---

① 阎晓宏：《1996年图书出版概述》，《中国出版年鉴1997》，中国出版年鉴社1997年版，第22页。

外部因素中，以中国加入世界贸易组织为重要节点，开始了境外版权抢占国内市场的进程，国外资本争先进入中国市场，与本土出版社共同竞争。自那以后，国外优秀版权的强大竞争力便开始展露，直至今日，境外引进版权已经成为童书销售额的重要组成部分。国外优秀版权的进入带给中国童书市场的影响是深远的，在今天，仍然影响着中国童书出版市场的格局。

一方面，优秀版权的引进推动了国内童书市场火爆。市场经济体制下的儿童文学作品，同时具备商品属性和艺术属性，这两者是相辅相成的关系。如果作品的艺术属性能够贴合读者的审美习惯，获得受众的审美认可，自然会带动读者的购买行为，作品的商品属性也便实现了。以经典的境外作品《哈利·波特与魔法石》为例，自该书中文版在中国销售以来，以耳目一新的巫师题材、神奇的艺术想象、引人入胜的故事情节、宣扬爱与救赎的思想内核，在21世纪初的中国掀起了一股"哈利热"，"哈利·波特"系列引进中国至今，共销售了2000多万册，并直接导致魔幻题材类童书在中国市场掀起出版热潮。作为最成功的引进作品之一，哈利·波特故事书的流行促进了国内童书市场的火爆，影响了儿童阅读文化建构，带动了魔幻题材童书的拓展，从这一维度说，这些优秀的引进作品，对国内童书出版市场是有促进作用的。

另一方面，境外版权作品激发了国内出版社的危机意识和商机意识，强化了市场竞争。危机意识促使童书出版加快转变粗放发展模式的步伐，争创精品、优品，努力提高市场占有率，出版社不再盲目追求出版物数量，而是努力打造畅销书，树立品牌效应；此外，出版社迫于国外优秀版权的压力，也在积极打造本土优秀童书作品，积极扶持本土新锐儿童文学作家，此外，出版社迫于国外优秀版权的压力，也在积极打造本土优秀童书作品，积极扶持本土新锐儿童文学作家，如郑渊洁因为《皮皮鲁与鲁西西》《舒克贝塔传》等系列畅销书被称为"童话大王"；杨红樱创作的《淘气包马小跳》《女生日记》等文学作品使她拥有了许多"小樱桃"书迷的拥趸；曹文轩凭借《草房子》《青铜葵花》拿下了多个国内国际大奖，开始走进国际视野。这一时期涌现出的诸多知名作家及具有品牌效应的优秀儿童文学作品为后续中国童书出版的进一步发展打下了坚实的基础。

进入 21 世纪第二个十年，中国童书出版加速发展，无论是市场规模、码洋总额，还是出版读物的品种、数量，都展示了迅猛发展的势头。这十年，也是数字出版深刻影响童书出版的十年，大量数字少儿产品应运而生，以手机、平板、Kindle 等为代表的数字阅读形式不断深入中国家庭，在这样的数字化环境中成长的少年儿童，培养出了新的阅读习惯和阅读文化。在这场由数字技术引发的出版大变局中，出版社纷纷进行数字化转型，提供丰富的数字出版产品以满足少年儿童的阅读需求。

2010 年被称为数字出版元年，在国家新闻出版总署颁布的文件中，对数字出版作出如下定义：数字出版是指利用数字技术进行内容编辑加工，并通过网络传播数字内容产品的一种新型出版方式。数字出版从 2012 年开始运用到童书出版领域，短短几年，已经发展了诸多少儿数字产品，当前流行于市场的主要产品有少儿 App、少儿点读笔、少儿网络社区、少儿语音玩具、AR 图书等。数字出版不仅影响了受众的阅读文化建构，同时也对出版社的出版行为产生了深远的影响。

从受众角度来说，数字时代极大地改变了受众与读物的交互体验。阅读交互是指受众和作品之间相互影响的行为，在数字出版的大背景下，交互式幼儿阅读日益成为一种深刻影响儿童阅读习惯的行为方式。交互式幼儿阅读基于开发儿童主动性的立场，重视儿童对文本、作品的体验，以科技手段提供文本对受众的多维展示，促使儿童加深对作品的理解，强调幼儿对故事情节、结构与角色等因素的创造性把握，是一种流行于当下的深度阅读模式，也被广大家长接受。

相较之下，传统阅读在增强受众体验这一块还是有些许局限性，一方面在传统阅读中文本是被动的，文本能够被受众理解多少单纯是依靠受众的阅读方式和习惯，因此缺乏手段建立更多与受众的联系；另一方面，传统阅读构建的阅读世界是静态的、平面的，图文是主要表达手段，而在数字阅读中，依托科技手段，受众能够从阅读中感知到一个立体多维、色彩丰富、视觉冲击强烈的感官世界，这也符合儿童喜爱玩耍热闹的天性，能够吸引他们更加投入地进入阅读空间。

以近年来在各大购书平台热销的 AR 童书为例，它将实体图书与手机/平板等网络设备结合，受众下载与图书配套使用的 App 或者小程序，通过扫描图书，便能在手机等终端设备中感知到栩栩如生的立体图像。例如在人民邮电出版社出版的《动起来吧！宇宙旅行》这本 AR 童书中，它提供了 7 个 AR 增强现实体验，能够立体展示行星画面，还能模拟宇宙飞行，让儿童乐在其中。从目前的市场表现来看，AR 技术在科普类童书中运用得相当广泛，市场反馈也非常出色。

数字阅读是对传统阅读方式的一种反叛，也是业界认为是更贴近儿童阅读习性的一种阅读方式。当然，有一些学者也对儿童舍弃传统阅读方式提出一些反思，认为传统阅读注重培养的是儿童的深度阅读思维和沉静务实的性格，在培养儿童逻辑水平方面也能发挥强大作用，而数字阅读则是当下快节奏社会强加给儿童的阅读体验，阅读的碎片化、娱乐化都反映出当下阅读功利性的一面。这种反思不无道理，我们的家长在今后的教育中，比较合理的是以数字阅读为引导，让孩子爱上阅读世界，但在阅读过程中注意平衡时间，鼓励儿童接触纸质书，保持传统阅读，让两种阅读方式都能在儿童的性格养成中发挥作用。

从出版社角度，数字出版一定程度上改变了出版社的产品营销模式。传统童书一般以线下书店和线上第三方销售平台为主要销售平台，而数字出版内容特点非常鲜明，能够在虚拟环境中实现产品的多点销售，做到零库存积压、资金回笼快等特点。常见的少儿数字出版产品销售渠道有多种，例如出版社会通过自行搭建小程序或App平台来实现数字产品的销售。以人民出版社搭建的App"人民读书"为例，里面上架了诸多人民出版社出版的书籍，如果想要阅读里边的童书，可以选择以358元/年的价格订阅，就可以享受阅读这个App所有书籍的权益。这种销售线上数字图书的模式一定程度上减轻了出版企业清理存库的压力，同时，这类销售平台能创造更多的利润空间，出版企业的主要资金投入集中在前期平台的搭建上，一旦App成功运行，不需要实体书籍便能实现销售行为，后期的运行成本也非常低。此外，一些大型出版社还选择搭建大型网站来销售自家的衍生产品，例如中国少年儿童新闻出版总社就打造了一个大型网购平台："红袋鼠亲子网"，可以购买该出版社出品的婴幼儿画报、儿童文学作品、点读笔、玩具、文具等。以上两种方式是目前比较常见的少儿数字出版产品直销渠道，能够直接面对受众销售自家产品，树立出版社形象，增强社会知名度，受众不再像以前那样通过中间渠道购买产品，而是直接获取出版企业的产品，与出版社的互动更加直接。

第二节　场域视角下的童书出版生态

在第一节中我们回溯了中国童书出版史的一个大概脉络，将视野转入当下，以布尔迪厄"场域"的相关概念来解读当下中国童书出版伦理建构因素是本节意义非凡的一次学理尝试。作为社会学研究的代表学者之一，布尔迪厄的历史学著作《实践与反思——反思社会学导论》梳理了"场域""惯习""资本"等理念，是他试图打破社会科学诸多领域简单以二元对立思维视角探讨问题的立场延续。这本著作反映出他将现象学的分析角度和结构性的分析角度结合成为一体化的社会研究方式的超凡智慧，这种他所认可的社会研究方式既可以在认识上达成逻辑成立，又对社会具有普适性。因此，他的"场域学说"也就具备了阐释当代中国童书出版领域的理论资格。

一　场域视角下的童书出版生态分析

"场域"在布尔迪厄的思想中指在各种位置之间存在的客观关系的一个网络。正是在这些位置的存在和它们强加于占据特定位置的行动者或机构之上的决定性因素之中，这些位置得到了客观的界定①。一个场域的形成与资本息息相关，资本和权力的竞

---

① ［法］布尔迪厄、［美］华康德:《实践与反思——反思社会学导论》，李猛、李康译，中央编译出版社1998年版，第134页。

争情况会形成一系列的客观历史关系，所构成的网络便是场域。场域是一个动态流动的场所，在这个场所之中，竞争暗流涌动，资本和权力不断上演着你争我夺的戏码，最终目的是获得制定规则和运行逻辑的能力，维持自己的秩序。

布氏认为，文化生产场域是一个具备自身运作逻辑的独立空间，在这个空间中，都有为着某种利害关系的特殊事物使得该场域内的行动者你争我夺①。童书出版场域也延续了文化生产场域的运作逻辑，有着全体遵守的游戏规则，体现场域内的行动者之间的伦理关系，这种规则与伦理在约定俗成中建立，无形中制约着所有行动者的习性，规范行业行为，成为行业共识。童书出版场域呈现的完整结构包含童书策划、编辑、出版、包装、市场运营等一系列行为，每一个行为之间不是线性连接的，而是通过以童书销售为主线，每一个环节衍生出枝节，形成网状缠绕的复杂结构，形成几种利益主体在其中相互竞争又相互依存的有机格局。

按照布氏的观点，场域并不具备组成部分和要素②。同样，童书出版场域也符合这一特质。在它的结构中出现的那一系列行为，本身就是一个子场域的存在，具备着自身运行逻辑和规则。例如童书出版的创作场域，旨在创作出优秀的儿童文学作品，力图在出版场域中获得位置肯定。它就是一个自成体系的子场域，有着它的运行常规。从这个角度来说，布氏的理论给了我们拆解当下出版场域、对各个环节进行解读的理论支撑。

按照本书的观点，是将进入 21 世纪以来的童书出版视为新时

---

① 孙琳：《重构场域——出场学场域十论》，人民日报出版社 2014 年版，第 89 页。
② ［法］布尔迪厄、［美］华康德：《实践与反思——反思社会学导论》，李猛、李康译，中央编译出版社 1998 年版，第 142 页。

期的发展期，也是童书出版开启商业转型的起点，在这二十年的时间跨度中，以新媒体的迅猛发展为主要契机，中国童书发展进入了高速发展的快车道，是进入21世纪以来中国出版业增长最快、连续增长时间最长的一个细分市场。这二十年来，中国童书出版市场规模逐年增加，产业结构日趋合理，不断向优质化和品牌化发展。

1. 新时期的童书出版市场规模

学者海飞认为，21世纪第一个十年，中国童书出版出现了一个辉煌的"黄金十年"。2001年我国加入世界贸易组织之后，国内市场开始逐渐放开国外图书版权的市场进入，国外出版资本得以进入并发挥作用，中国童书出版市场开始包含了蓄势待发的国外资本力量和正在活动的国内出版力量，成为一个争夺的空间。这场争夺旨在维护或变更场域中多种力量的构型，换言之，国外优秀版权试图占据国内市场，打破在原本场域中占据支配地位的国内出版力量一家独大的局面；而国内出版力量为了维系自身的市场地位，也在进一步增强自身实力，深化改革发展，这样的力量争夺是导致中国童书出版迎来"辉煌十年"的重要原因，两种力量的强劲竞争给中国童书出版业带来了繁荣发展的局面。例如，2001年，中国共出版少儿读物7254种，总印数228.75百万册，比2000年增加了34.67%[1]，加入世贸带来的市场促进作用立竿见影；而到了2010年，该年中国共出版少儿读物19794种，总印数达到357.81百万册[2]，相较2001年，十年间出版读物种数增长了172.9%，印数增长了56.4%。这十年间，在

---

[1] 崔昕平：《中国童书出版纪事》，希望出版社2018年版，第146页。
[2] 同上书，第211页。

儿童文学创作上，涌现了一大批优秀的儿童文学创作家，涌现出一大批优秀的畅销儿童文学作品，出版种类连续十年平均增长率达到两位数，成为整个出版界最具活力、最具潜力、发展最快、竞争最激烈的版块，成为一支拉动并提升中国出版业发展的"领涨力量"①。

21世纪的第二个十年开始，数字技术开始在少儿图书出版领域得到广泛运用。2010年被称为"数字出版元年"，数字化时代的到来，推动着中国童书业从纸媒出版向数字媒介的重大转型，数字出版不仅仅只是将纸质内容转化为数字内容这么简单，它带来的是传媒媒介的重要变革，同时，也推动着童书出版产业链的数字化、销售模式的数字化以及读者阅读文化的重新建构。

少儿数字出版的主要受众为少年儿童，其出版产品主要针对少儿的年龄特点，以少儿App、少儿社区、少儿有声读物、AR/VR童书等为主要产品形式，少儿数字出版产品运用了新兴科技力量，不断优化产品服务，开发不一样的读者视听体验，契合少儿读者内心天性，调动少儿读者的阅读积极性，给他们带来不同于阅读传统纸媒的新奇感受。经过十年的发展，已经形成与传统纸媒平分天下的市场格局。以2018年发布的《2018中国儿童数字阅读报告》数据为例，2018年人均年阅读量达到40本，儿童数字阅读潜在用户规模达2.5亿，潜在市场规模达5000亿元。同时，中国少儿数字出版产品类型越来越多，在儿童阅读的应用场景上越来越广泛，与互联网的交互运营越来越紧密，人工智能等高科技力量结合度越来越成熟。

---

① 海飞：《童书海论》，明天出版社2001年版，第9页。

在惊讶于中国童书出版在这二十年取得的巨大成绩时，我们看到来自权力场域和文化场域对于中国童书业的巨大推动力量。按照布氏的观点，像童书出版这样的文学场域是包含在权力场域之中的，在这一权力场域中，它占据着一个被支配的地位①。同样，来自国家层面的权力场域能够深刻影响到中国童书出版的发展走向，权力场域一般是规则的制定者，在一个场域中，各种行动者必须按照指定的规则来完成运作。如果规则是以一种对行动者有利的方式来运行的，自然会增加他们成功的概率。以现实情况为例，第一个十年期间的2006年，中国新闻出版总署发布《新闻出版业"十一五"发展规划》，从宏观上对图书出版业的发展进行了指导。《规划》指定了"十一五"期间的图书出版预计目标，力争在2010年，使图书出版预计达到600亿张、70亿册，种数达到25万种，预期实现国民百万人均年拥有图书192种，人均年消费图书5.3册②。《规划》的出台，是保障图书出版平稳增长的重要条件，彰显了国家权力场域对于文化事业的支持与肯定，确保了童书出版的正确市场导向，对于中国童书的出版事业具有强大的助推作用；又如在第二个十年间的2010年，中国新闻出版总署出台了《关于进一步推动新闻出版产业发展的指导意见》，这个纲领性文件明确提出了推动出版产业的五大重点任务，包括发展图书、报刊、期刊等纸产业，发展数字出版等新兴出版产业，并制定了今后十年的发展方针，提出要向出版强国迈进的宏大战略，在2020年要使数字媒体等产业达到世界先进水平。该

---

① ［法］布尔迪厄、［美］华康德：《实践与反思——反思社会学导论》，李猛、李康译，中央编译出版社1998年版，第143页。
② 中国出版年鉴社：《中国出版年鉴2007》，中国出版年鉴社2007年版，第382页。

意见的提出给数字出版创造了有利的发展环境，对于我国发展国家级数字出版基地、形成数字出版产业集群等业务方面不断提供资金、技术支持，于是在短短的十年时间里，中国少儿数字出版事业逐步发展壮大，成为童书出版业未来的战略重点和发展方向。

同时，从文化场域的维度来说，中国童书出版规模的不断扩大，与中国儿童"再发现"的发展历程也息息相关。伴随着中国经济与文化的快速发展，对"儿童"的认知也经历了重新建构的历程。应该说，随着国民平均知识素养和人文素质的不断提高，儿童这一群体对于家庭和社会的重要意义被重新发现，并不断得到强化，整个社会形成了关爱儿童、重视儿童的社会风气，已然成为社会共识。在当代中国家长的价值观中，儿童教育越来越有被拔高到"家庭中心化"的发展趋势，一个家庭围绕着孩子来运行在中国已是司空见惯的社会现象；又由于担心孩子跟不上时代发展的社会焦虑普遍萦绕在中国家长心中，这种竞争意识深刻影响了当代中国家长的育儿行为，所以对于儿童的成长与发展，中国当代家长总是在力所能及的范围内以最大的购买力来培养儿童。这种社会文化是当代童书出版业迅猛发展的一个重要因素，其背后的文化根源是中国家长望子成龙的殷切希望。

2. 新时期的童书出版市场格局

进入 21 世纪，中国童书出版的市场环境进一步形成，从出版、营销到传播，都无法绕开市场这股无形的强大力量。市场对童书出版的掌控，已经成为行业必须要面对的生存现实，在这样的背景下，出版事业的市场化改革势在必行，从 2003 年国家提出文化体制改革开始，出版业悄然开始了改革之路，截止到 2010

年，包括地方出版社、高校出版社、中央各部门各单位出版社在内的中国所有经营性出版社，已经全部由事业单位转为企业，成为市场主体①。发展到今日，中国童书出版显示出特点鲜明的市场格局。

一方面，是多种力量的共同角力。面对方兴未艾的童书出版市场，数量众多的出版社纷纷进入童书出版领域，参与市场竞争。一般认为，传统少儿出版社、非传统少儿出版社、民营图书工作室、国外出版机构和新媒体，这五种力量都是少儿出版市场有力的争夺者。2018年前三季度，我国580家出版社中超过95%的出版社参与了少儿出版市场的争夺。近年来参与少儿出版的出版社数量维持在550家以上，数量占比均在95%以上。作为图书市场增速最快、占比最大的一块分区，童书出版已经成为各家出版社竞争的前沿阵地。

我国目前拥有36家专业的少儿出版社，例如中国少年儿童出版社、安徽少年儿童出版社、二十一世纪出版社、江苏少年儿童出版社、浙江少年儿童出版社、接力出版社等，这些专业少儿出版社一般具备以下特点：一是有着多年的出版经营行为，积累了雄厚的资金实力，市场化转型较早，享受的国家扶持和政策红利较多，因此也在市场竞争中保持着强大的竞争力。二是有着较为稳定的创作团队，一般与优秀的儿童文学创作家保持着稳定的合作关系，多年的市场经营也积累了数量可观的创作团队，能给儿童文学尤其是原创儿童文学的出版内容提供源源不断的创作灵感。三是发行渠道稳定，营销手段较为成熟。大多数专业少儿出

---

① 方卫平：《中国儿童文学四十年》，中国少年儿童新闻出版总社2018年版，第83页。

版社都成立于改革开放初期，完整参与了中国的市场化进程，在产品发行、传播等方面积累了几十年的经验，能够较为成熟地应对市场状况。得益于上述特点，专业少儿出版社在市场竞争中普遍收获了良好的市场回报，以2019年为例，多家专业少儿出版社表现抢眼，接力出版社该年码洋额达到8.83亿元，同比增长9.83%；江苏少年儿童出版社2019年一举拿下"五个一工程"奖、中宣部主题出版重点出版物项目、中华优秀出版物奖、"中国好书"四个专业大奖，在专业少儿社里独此一家；在全国实体书店遭遇"寒冬"的2019年，安徽少儿社逆势而行，实体店新书排位上升两个位次，稳居全国少儿出版第一方阵，展示了良好的市场竞争力。以上事例整体反映了专业少儿社的行业实力，依旧在童书出版市场发挥着骨干作用。

除了专业的少儿出版社，还有海豚传媒等500余家非专业童书出版企业涉足了少儿读物的出版。这些非专业的童书出版企业一般通过设立少儿图书分社或是与其他图书公司进行战略合作等方式来参与竞争。非专业少儿社的入局，促进了童书出版市场的整体繁荣，丰富了童书品种，壮大了童书发行规模，其次是给童书出版市场带来了一些创新型的出版思维与营销方式，一定程度上促进了少儿出版产业链的改革升级，同时对一些童书空白领域实现了补充。得益于数量众多，市场分布广泛，近几年，非专业少儿社往往占据了少儿图书零售市场总码洋的70%以上，但真正形成品牌效应和出版规模的非专业少儿社并不多，往往是以数量取胜。非专业少儿出版社获取市场认可的道路并不轻松，尤其集中在发行渠道对于非专业少儿出版社的接受上。实体店因架位有限，往往将好的架位提供给专业少儿出版社，这样便使得一部分优秀的好童书作品难有向大众展示的机会。网店同样也对非专业少儿出版社的作品不太认可，很少向其提供主页位置。在市场竞争中，更多的发行机会往往意味着更多的收益回报，"渠道为王"的概念在市场经营中深入人心，非专业少儿出版社要想破局，唯有在产品质量上做文章，推出高质畅销书，以质量获得消费者的认可，从而争取到更多渠道空间。

虽然大多数非专业少儿出版社有着发行渠道的劣势，但是部分非专业少儿社选择扬长避短，另辟蹊径，发挥自身特色，试图在市场中站稳脚跟。例如2014年创立的清华大学出版社少儿分社，始终坚持着跨界经营尝试，灵活利用自身特点，开发出市场少见的文化产品，体现自己的独特性价值。2016年，该社推出了"中国传统文化与编程跨界融合课程暑期试验班"，利用清华大学建筑学科的学科优势，实现了一次开创性的跨界尝试。在课程中，少儿们不仅能够体会到中国传统建筑文化如榫卯的搭建过程，还可以在轻松愉快的氛围中学习到不插电编程等前沿知识。随后，该社通常将已开班的课程教案编辑为少儿出版物投入到市场经营。同时该社深植中国传统文化，尝试不断扩展跨界对象，对象形文字、五行等传统知识的跨界整合正在积极筹备中。该社的积极探索可以作为当下众多非专业少儿社的一个发展方向，在与专业少儿社的市场竞争中，如何依托自身平台，发挥自身优势，化数量优势为质量优势，是大部分非专业社正在积极思考的问题。

另一方面，整合化、集团化经营趋势明显。从较早的"华东六少"的抱团尝试，便已经看出在竞争的压力下，行业的集团化、整合化经营已成趋势。这六家专业社（有浙江少年儿童出版社、江苏少年儿童出版社等）目前占据着专业少儿社童书市场份额的半壁江山，在全国童书出版总码洋中也占据了将近五分之一的份额。2000年，中国少年儿童出版社和中国少年报社联合组建了中国少年儿童新闻出版总社，成为一个跨媒体的国家级少儿出版集团，目前，联系着全国203家少儿报刊和35家少儿专业出版社，出版5份报纸，11份期刊，一年平均出版1000多种童书品类。2013年，湖北少年儿童出版社与海豚出版公司联合组建了长江少儿出版集团，是一个法人联合体的少儿出版集团，可谓是强强联合。此外，专业少儿社与其他领域的跨界合作在业内也屡见不鲜。2015年安徽少年儿童出版社社长与启迪教育集团及贝壳育德教育集团开展合作，三方将在幼教产业市场展开深度交流合作，这是幼教行业与少儿出版行业领先者的首次跨界合作尝试，三方在各自领域都积累了一定的行业优势，通过互相整合与依托，构建优势互补的出版平台；2019年，明天出版社与台湾信谊公司结为战略合作伙伴，共同开发绘本市场。非专业社亦在积极推动集团化经营，并大胆作出了尝试。2010年，外语教学与研究社、北京师范大学出版社等八家非专业少儿社发起的中国童书联盟在北京成立，按照"和谐共事，有序竞争，科学发展，共同提升"的原则继续开展少儿出版工作，该联盟计划一年组建一次大型的图书交易会，并互相交流行业经验，达到共同发展的目的。

　　同时，在深植国内市场的同时，中国童书出版亦在蓄力开创国外市场，将格局外转，致力于不断深化国外交流，加强文化输出与产品输出。一方面，是版权输出常态化，对外交流常态化。2016年曹文轩获得国际安徒生奖后，2017年，《青铜葵花》美国版登上了《华尔街日报》、《纽约时报》和《出版者周刊》三大童书榜，并获得科克斯小说奖。2018年，中国成为博洛尼亚童书展的主宾国。2019年，仅接力出版社便向国外输出童书118种。近年来，得益于日益优良的产品设计，国家层面"走出去"战略的大力扶持，中国童书开始了版权输出的征程，并且保持着与国外先进童书出版机构的交流合作，不断汲取先进经验，力图达到量质齐升。

　　另一方面，是对外交流深度化。首先是眼界开阔，兼容并包，以开放性心态纳入世界童书出版格局。近年来，随着中国加入《伯尔尼公约》《世界版权公约》，使国际优秀版权作品进入中国成为可能，版权贸易也不断规范，为中国童书市场注入了新鲜的活力。具体表现一是国外优秀版权作品不断占据国内童书出版市场的份额，在赢得市场的同时也获得了国内消费者的普遍认可；二是以国际图书交流会、童书展览会为主要形式的交流活动日益频繁，例如已经连续举办七届的中国上海国际童书展，这是亚太地区迄今为止唯一的专业童书版权贸易平台，以2019年第七届的数据为例，该届吸引了来自30余个国家和地区的出版行业来华参展，有6万多种中外优秀童书作品展出。其次是立足本国优秀传统文化，深植社会主义核心价值观，以优秀原创作品开创国外市场，打破贸易通道单向局面。近年来，随着"一带一路"倡议的提出，加强了与沿线国家出版社的日常联系，一些中国原创少儿图书在海外的知名度大大提升。以中国少年儿童新闻出版总社为例，该社致力于推出中国原创童书作品，积极进行中国文化输出。其中，"伟大也要有人懂"系列输出到美国、荷兰、意大利、尼泊尔、蒙古国等国家和地区，《习近平讲故事》（少年版）输出至摩洛哥、蒙古国、哈萨克斯坦、越南、尼泊尔等国家和地区，受到海外读者的一致好评。

二 童书出版产业链分析

在商界，产业链的研究是一个热门话题。产业链的概念在业界有诸多说法，但仍有共性的理解，即普遍认可产业链是指"一产业在生产产品和提供服务过程中按照内在的技术经济关联要求，将有关的经济活动、经济过程、生产阶段或经济业务按次序连接起来的链式结构"①。这种链式结构围绕一个产品为中心，区分上中下游，彼此之间存在紧密的经济联系。从产业链的角度审视当下中国童书出版，是为了剖析当下童书出版产业链的优势与不足，就打造和延伸中国童书产业链提出自己的学理思考。

1. 概念界定及童书产业链具体结构

武汉大学方卿教授在《出版产业链研究》一书中，结合图书出版业的实际情况，为出版产业链下了一个定义，即"出版产业链是指以出版价值链为基础的具有连续追加价值关系的出版企业组成的企业联盟"。童书出版产业链就是与童书出版相关联的企业为实现市场利润组成的一种关系联盟。它集成了创意、制作、发行、销售等诸多生产要素，贯穿着一本童书从创意到售出的始终。与其他产业链一样，童书出版产业链也分布着上中下游，一般来说，上游是负责童书内容与创意的策划，中游负责童书产品的具体生产过程，下游则负责对产品进行营销以及将市场反映传达给上游。

---

① 周新生：《产业分析与产业策划方法与应用》，经济管理出版社2005年版，第350页。

按照COMEDIA总裁查尔斯·兰蒂在20世纪末提出的文化产业五阶段的理论，可以为我们梳理童书出版产业链的结构要素提供借鉴视角。查尔斯认为，文化产业会经历创意形成、创意转化为产品、产品的流通、发行机构的助力、最终完成消费者的接受这五个阶段。查尔斯提出的五阶段论基本涵盖了一个文化产品的产业链模式，在此过程中，任一阶段的工作都事关全局，被赋予了价值，只有各阶段循序渐进并完成良好配合，才能在整体上实现价值的增值，保障每一个阶段的行为主体收获利益。从这一维度讲，童书出版产业链是强调整体意识的，上、中、下游的行为主体的诉求是一致的即最大限度地获得利益价值。

值得一提的是，童书出版产业链各个环节的利益分配要经过一系列节点，即从作者到出版社，再到各级经销商、零售店，最后到达顾客。作者通过劳动行为从出版社这里支取一定的劳动报酬，将童书版权交付给出版社，出版社或自主发行，或联合、委托发行来获得利益，各级经销商、零售店通过一定的图书折扣吸引消费者完成购买行为，最终完成利益分配。

目前国内童书出版场一个比较突出的特点是，在童书产业链中的各个行为主体中，出版社相对于作者构成强势的买方关系，而经销商相较于出版社又处于更强势的关系。作者相较出版社之所以处于弱势的地位，其原因是多方面的，一是国内少儿出版社数量偏少，截至目前还不足600家，相比之下，美国有出版公司9000余家。出版社数量少导致买方较为集中，一本童书的出版权，往往只有几个甚至一个买家，这就导致作者缺乏话语权。二是我国现行的书号制度。自20世纪80年代开始，我国逐渐推行标准书号，严格控制书号使用量，书号的有限，使得作者的出书机会大大减少，出版社会根据题材和销量决定出版倾向，属于决策一方，占据着强势地位。而经销商对于出版社的强势地位是基于二者的实力比较，虽然出版社也具备图书发行资格，但就目前而言，国内出版社普遍发行能力偏弱，因此一般只能选择发行总代理，比较典型的便是新华书店，新华书店作为国有图书发行企业，建构了覆盖全国的购销网络，承担着全国各地500多家出版社的出版物进发货业务，像这样的行业巨擘，往往垄断了一省范围内的发行业务，因此在一定程度上，形成对出版社的强势地位。

2. 中国童书产业链发展困境

进入21世纪以来，中国童书出版迎来了迅猛发展的大好时机，童书出版产业链条已经基本形成，但仍有许多改进的空间。上中下游渠道在发展的过程中，还是暴露了一些亟待解决的问题。

就上游渠道来说，突出的问题一体现在出版单位创新力不足，产品竞争力薄弱，同质化严重。目前，各出版单位"炒冷饭"的现象比较普遍，同一作品反复出版，不仅浪费了出版资源，也使得市面上的少儿作品良莠不齐。其根本原因一是出版单位自主研发积极性不强，缺乏进取精神，二是以单位利益为基准，不愿意担负市场风险来开发新的作品，面对市场压力，在需要大量资金投入的产品研发环节能动性不足，转而选择稳妥的图书内容反复出版。例如，在京东上搜索"安徒生童话"，以"中小学阅读—课外阅读"为筛选条件进行搜索，一共有近800个版本，10000余件商品。这样的出版行为在业界屡见不鲜，像《唐诗三百首》《伊索寓言》《格林童话》等都是热门的重复出版作品，这些出版作品不用承担法律风险，也不需要推广成本，逐渐成为一些出版社的优先出版选择，反映了出版社群体的一种生产惰性，单纯追求利益和市场，背离了童书出版"寓教于乐"的初衷。同时，这类行为也客观上阻碍了原创童书的发展，一些出版社在对待原创童书的出版问题上变得非常谨慎，因为原创童书的出版成本相对较高，而且许多原创童书作家对作品的出版数量有要求，在出版商看来这是市场冒险行为，为了不承担市场风险，许多出版商选择放弃原创童书的出版市场，另外选择利润高、风险少的作品，因此也造就了当下"炒冷饭"的出版现象蔚然成风。

另一个突出问题是过度依赖引进版权。在儿童文学板块，原创版权与引进版权大抵是旗鼓相当的局面，但在儿童图画书和儿童科学书籍这两块，国外引进版权都占据着市场四分之三的份额，展示了强大的市场竞争力，而我国原创力量则显得有些发展乏力，锐意不足。诚然，原创童书与引进童书在市场上展开竞争能够在一定程度上优化国内童书出版环境，增强行业竞争意识，从长远看利于国内童书出版业的发展，但是，我国现阶段过度依赖引进版权的市场现象还是值得我们警惕与反思。一方面，国外版权童书大热，引发盲目引进童书的潮流，引进童书版权成本不菲，导致童书价格水涨船高，激化了不正当竞争，市场正常秩序受到干扰；以国外绘本为例，目前欧美绘本定价几十元已是常见，定价百余元甚至几百元在图书市场也屡见不鲜，为了抢夺国内市场，一些出版商势必会使用低价策略，因此有可能衍生一些如盗版、低价倾销的不正当市场行为，反过来伤害了国内出版市场。另一方面，引进版权的创作背景基于西方价值观，在一些方面与国内文化存在差异，因而一些作品的价值观并不适合我国儿童的身心发展，而童书在儿童教育中扮演着相当重要的角色，如果这样的作品充斥着国内市场，流入中国普通家庭，将有可能给处于身心发展关键期的儿童带来思想上的危害。中国作为拥有五千年灿烂文明的古国，有许多传统文化内容值得深挖，只有以中华传统文化作为创作基点，才能保持作品中的原创性。

第三个问题是周边产品开发乏力，导致产业链条过短，利润过多地集中在纸质图书中，少儿出版业与其他相关产业融合度差，跨界合作少，难以整合彼此优势，发挥合力。上游单位普遍缺乏文化产品创意，习惯于和纸质图书要产值，要利润，缺乏市场魄力。以国外经典畅销书"哈利·波特"系列为例，自问世以来，《哈利·波特》已经拥有服装、电子游戏、电影、音频、文具、食品、主题旅游等千余种周边产品和特许经营商品，成为一个横跨多个领域、收益达到60亿美元的巨型产业链，同时也是世界上最成功的商业品牌和文化品牌之一。又比如日本漫画家鸟山明创作的《龙珠》漫画，连载十一年，累计在日本发行了1.6亿册，在中国也收获了大量的拥趸，许多"80后""90后"的童年镜像里都有关于这本书的记忆。该书在全世界范围内更是出版了2.5亿册，并且衍生了一系列电影电视、游戏作品等周边产品，仅2019年，龙珠这个原始漫画的IP创造的总收入达到1290亿日元，此外，其IP本身带来的衍生品收入累计已达57亿美元，电子游戏亦创收55亿美元。值得一提的是，该漫画借鉴了中国传统名著《西游记》的文化概念，主角是一只叫"孙悟空"的猿猴，伴随着龙珠在世界范围内大火，"孙悟空"竟作为一本日本漫画的主角受到了国内外读者的青睐，这不得不引起业界的反思。

反观我国童书出版在经典文化形象的利用方面还有诸多值得改进的地方，例如家喻户晓的神话人物孙悟空，以孙悟空为原型进行创作的童书其实非常多，但集中在连环画、漫画书的出版领域，出版商也大多仅是对孙悟空的故事进行还原，将他的故事介绍给受众，类似于《孙悟空大闹天宫》这样形式的连环画及漫画。这样的作品可以打开市场，但是反映出国内出版商习惯于从纸质作品中找利润的思维惯性，缺乏产品开发精神，对产业链的形态缺乏宏观考量。其他如花木兰、葫芦娃、哪吒都是伴随过一代儿童成长的经典书本人物，然而从我国整体的童书出版链条来看，总体情况是缺少跨界大型企业，也没有进行统筹运转的专门机构，更缺乏这种关注周边的企业嗅觉，因此也就很难推出具有较强衍生价值的文化产品。

第四个困境是反馈机制不良，信息流动不畅，国内童书出版的上下中游渠道的良好沟通机制亟待建立。童书产业链的形成，不仅仅是几个环节简单地价值交换，它是一个有机联系的过程，彼此之间不是简单的商品交换的工作关系，更应该包含信息的双向沟通机制。当前，业界虽然形成了重视受众诉求的行内风气，许多出版单位开发了"两微一端"的沟通平台，试图与读者产生更多联系，获得他们的好感。例如，以商务印书馆有限公司、故宫出版社、人民出版社、中华书局有限公司等企业为代表的各大出版社都在认真经营微信公众号，但是在童书出版领域，对于信息交流平台的组建则略显滞后，经营情况也不大如人意。2018年，由中国新闻出版传媒集团举办的第三届"大众喜爱的50个阅读微信公众号"评选活动在网上掀起了一定的热度，在中国有超过10亿人在使用微信，这本是一次很好的宣传自身的机会，出版行业有45家单位进入候选名单，其中专业的少儿儿童出版社几近寥寥，最终入选的15家更是没有一家专业的少儿出版社，虽然只是一次覆盖全网的公众号评比，也可以看出童书出版社在与读者的信息沟通中不够活跃，反映出该领域的出版社在新媒体环境下的商业嗅觉还不够灵敏，在"流量为王，用户至上"的移动互联网时代，出版单位对这些商业准则重视度不足，有可能使受众流失或者被其他出版社截留，只有参与反馈，保持沟通，建立关注度，才更有利于深入了解受众的诉求，保障自己的产品能够更加顺利进入市场。

中游层面，主要困境集中在为了应对环保压力，纸张涨价明显。进入21世纪以来，中国在反思经济建设进程中越发明白"可持续发展"的重要性，绿色发展理念愈加深入人心，同时，国家逐步出台环保文件，从严管控污染行为。2016年，工业和信息化部编制发布了《轻工业发展规划（2016—2020年）》（以下简称《规划》），《规划》具体到造纸行业，提出了推动造纸工业向节能、环保、绿色方向发展的要求，同年我国颁布了《控制污染物排放许可制实施方案》，意味着从2017年开始，没有拿到排污许可证的造纸企业，将不再具备生产资格。国家对环保事业的重视导致许多中小纸企退市，产能向大型纸企集中，纸张的定价权牢牢掌控于大型纸企手中，排污标准的提高必然带动造纸成本的增长，面对造纸成本的分摊，上游出版企业的出版成本也相应提高。从2017年开始，图书出版企业开始调整童书定价，并很快成为行业共识。数据显示，2017年新书平均定价为75元，比2016年上涨3元；2018年上半年，新书平均定价为88元，比2017年上涨了近13元，涨幅超过17%[1]，涨价趋势明显。少儿图

---

[1] 北京开卷信息技术有限公司：《2018年上半年中国图书零售市场报告》（2018-07-20）[2018-08-25], http://www.sohu.com/a/243273989_292883。

书自然也成为调价的重点品种，尤其是重印的童书品种，定价普遍都有不小的增幅。

就下游而言，问题一是营销理念创新不足，品牌意识不强。中国童书出版业脱胎于计划经济体制，延续了某些陈旧的体制惯性，突出表现为营销手段落后，营销意识不强。目前，童书的线下营销仍然集中于各地的新华书店和民营渠道，管理比较粗犷、服务意识不强，缺乏市场开拓精神，同时营销模式也较为单一，少儿教辅材料及儿童文学成为线下渠道主要的销售产品，其他童书产品营销乏力；就线上渠道而言，得益于网购平台的大量普及，童书的线上营销模式处于快速发展的阶段，传统电商、自媒体营销等多种线上销售方式并存，但同时，传统电商营销手法愈显单一，习惯以发放优惠券、打折倾销等价格优惠手段来开拓市场，难免造成"价格战"的升级，自媒体销售平台是时代的产物，但一些平台也暴露出资质审核不严、监管不力的乱象。因此，童书线上、线下渠道的营销策略亟待变革及升级。

国外一些先进的童书营销实践值得业界重视，例如国外流行的专业的儿童书店，已在欧美许多国家打开了市场，却仍然没有在国内普及。英国最佳儿童书店——月巷故事书店创始人塔玛拉·麦克法兰认为，一座城市应该有一家书店是专门服务于孩子的。专业儿童书店会打造许多的儿童专属元素，根据分龄阅读的原则划分阅读区域，同时，加入周边元素，利用儿童喜欢求知探索的天性，开发出如星空阅读区、动物大迁徙区等独特区域，儿童书店是"儿童中心论"的商业实践，也是童书分销尊重儿童本位、以儿童为诉求中心的重要表征。然而可惜的是，在国内，专业的儿童书店仍是凤毛麟角，也侧面反映出国内童书的营销理念与国外先进水平还是存在一定差距的。

二是分销渠道沟通不畅，矛盾频出。新媒体时代的到来，催生了网络营销这一重要的分销手段。它利用网络平台完成图书销售，对传统的线下分销格局产生了重大的影响。作为线下销售的重要补充，网络营销其实可以与传统营销建立互助互赢的合作模式。但是，目前这两种渠道的相处并不平静。2011年，京东网上商城借六一儿童节的时机，给出了全场童书四折的促销优惠，却无意引发了一场纷争。京东商城的此举遭到了24家出版社的联合抵制，声称京东破坏了行业规则，一本童书算上印刷、版税、发行，成本大概在标价的45%，业内一般以六折发给经销商，他们指责京东的经营行为触犯了《反不正当竞争法》的相关条例，扰乱了市场行为。而京东商城则回应称图书成本只有标价的三折，有10%的利润已经足够，坚持认为自己的促销行为是正当的合法的营销。双方各持己见，最后闹剧不了了之。同样，2013年，由北京大学出版社、清华大学出版社等八家出版社发表联合声明，指出近期电商存在以低于销售价格倾销图书的不良行为，破坏了行业秩序，影响了出版社的正当利益，并再次点了京东商城的名。但这一次八家出版社表示申明针对整个出版产业链的下游，旨在抨击此类行业逆价销售现象，力图稳固行业销售秩序。从以上两个例子可以看出，国内童书出版的分销渠道还存在沟通不畅的现象，对一些商业行为还没有达成行业共识，长此以往，将有可能影响国内童书出版产业链的健康发展。

三　结语

场域理论为我们更加深入地了解出版行业生态提供了学理支

持,通过对童书出版行业与权力场域及文化场域的双向关系梳理,能够厘清童书出版运行的本质特点。从产业链的视角对中国童书出版进行分析,不难看出在上中下游渠道都存在着制约中国童书出版事业的困境,要想实现童书出版产业链的增值发展,应当尝试紧密联系创意、生产、营销等各个环节,形成一个上游开发、中游拓展、下游延伸的产业链条,带动相关产业的良性发展,同时捕捉市场机会,在新形势下努力打造多元的产业链条。

第二章　中国童书出版发展脉络

童书出版在中国源远流长，古代便有儿童启蒙读物，有教认字为主的《千家文》《百家姓》，也有进行人文启蒙的《唐诗三百首》《千家诗》，还有旨在进行科学启蒙的《名物蒙求》，等等，这些出版物很好地体现了我国自古以来便对儿童教育非常重视，针对儿童的"蒙学"也十分完善。现代童书的雏形出现在晚清，1909 年孙毓修先生主编《童话》丛书，编写了《无猫国》《大拇指》等儿童读物，是现代童书出版的萌芽，同一时期的商务印书馆则是中国童书出版的发祥地。五四运动期间，诸多大家意识到儿童即国家未来的希望，纷纷投身于童书出版创作，旨在建设"新国民"，如周作人、叶圣陶等先生都为中国童书出版创作贡献良多。从 20 世纪 20 年代开始，以上海为中心，童书的创作出版得到更大发展，连环画开始流行并逐渐成为童书出版的主要形式，并伴随着中华人民共和国成立、改革开放得到持续发展，最终走下历史舞台。改革开放以来，连环画逐渐式微，绘本进入读者视野，绘本在 20 世纪 70 年代先于台湾地区流行，并逐渐辐射至大陆地区，成为影响一代儿童成长的新兴文化事物。进入 21 世纪快速发展的新时期后，中国童书出版内容不断扩展，形式也花样翻新，得益于科技力量与童书出版的结合，出现了立体书、AR/VR童书等极具时代特色的新童书。严格来讲，童书涉及的内容广、品种杂、体裁多，限于篇幅难以将童书的品类一一介绍，下文将简要阐述近百年来中国童书出版物几个代表形式的发展历程，以期能给中国童书出版脉络作一个简单的梳理。

第一节　历史悠久的连环画出版

连环画作为许多中国人童年记忆中的重要组成部分，曾点缀了几代人的童年。它兼具教化及娱乐功能，充满趣味性、艺术性的图文组合满足了许多人的精神需求。连环画，又叫小人书、连环图、解放书等，作为一种古老的传统艺术，它大约成熟于宋朝，它的艺术特点是以连续的图画讲述故事、描述情节，配以少量精练的文字，它内容丰富，题材广泛，是一种广为流行的通俗读物。在中国，连环画这一古老的文化事物曾焕发出强大的生命力，影响了几代人的童年阅读文化，但最终也渐渐走出受众视野。

一　连环画在中国的发展史

中国的连环画源远流长，两千多年前，我们的先人就尝试着用连续的图画来记载故事，魏晋时期，出现了一些分为若干片段记事的壁画组图，可以称为最早的连环画雏形。得益于宋代雕刻技术的发展，连环画的艺术形式在宋代逐渐稳定下来，到了明清时期，技术已经较为成熟，出现了大量以戏曲、小说、娱乐、生产等为主要内容的连环画。

进入民国时期，连环画采用胶印、彩印现代印刷技术，进一步得到发展。20世纪20年代中后期，上海世界书局出版了一系列以历史故事为内容载体的连环画，如《连环图画志》等。这一系列作品书名皆以"连环图画"命名，是连环画最早的文献记载。上海，作为民国时期连环画的生产中心，在当时出版了大量广为传阅的连环画作品。流传最广的应该是张乐平先生的《三毛流浪记》，这部作品直至今天仍然焕发着强大的生命力。它讲述的是一名旧社会的孤儿三毛流落在上海街头，缺衣少食、颠沛流离的生活状态，通过三毛曲折的人物命运，引发我们深刻的生活哲思，三毛身上那种积极乐观、顽强机灵的特质，正是中国人民在困苦时期强大生命力的体现。20世纪30年代，《三毛》开始在上海的《大晨报》连载，之后由《大公报》集中出版，在中华人民共和国成立前夕更是被搬上了电影屏幕。中华人民共和国成立后，《三毛》故事由上海民立书店出版发行，反响空前，三毛这一艺术形象，也伴随着无数中国人成长，直至今日。

民国时期，连环画大家层出不穷，流派众多，沈曼云、钱笑呆、赵宏本、陈光锐是民国最为著名的四位连环画画家，他们绘出的作品深受读者喜爱，此外，我们较为熟悉的丰子恺先生也有经典的连环画作品，即改编自鲁迅的《阿Q正传》，此书多次重印，反响热烈。据林敏、赵素行《现代连环画寻踪》记载，民国时期约出版连环画3369部，画家90余人[①]。值得一提的是，抗日战争（1931—1945）及解放战争时期（1945—1949），在解放区涌现了一批优秀的木刻连环画作品，在艰苦卓绝的生产环境下，解放区人

---

① 曹新哲：《中国连环画出版研究》，硕士学位论文，武汉大学，2004年。

民发挥聪明才智，创作了以《女英雄刘胡兰》《狼牙山五壮士》为优秀代表的一系列作品，解放区的连环画作品不仅具备一定的审美质素，同时还发挥了鼓舞抗战、稳定民心的政治功用，是特殊时期的特殊产物，有其存在的合理性。

综上所述，民国时期一方面连环画艺术形式已经较为成熟，印刷、出版等配套设施齐备，很好地保障了连环画的发行；另一方面艺术作品也是精品频出，展示了较高的艺术水准和深厚的文化内涵。

中华人民共和国成立后，政府非常关心连环画出版事业的发展，毛泽东曾作出重要批示，建议整合一个连环画出版社，出版一批面向大众的优秀连环画作品。在国家领导人的关怀下，大众图画出版社应势而立，主要出版连环画、年画作品，随后，上海、北京涌现多家专业出版连环画的出版机构，设有专门的连环画编辑室。1955年，新美术出版社和人民美术出版社合并成为上海人民美术出版社，是当时新中国最大的连环画创作中心。同时，因为社会主义公有制经济体制的逐渐建立，连环画的出版得到了一定的经济保障，加上人民生活水平的提高，为连环画的流行奠定了坚实的市场基础。1951—1956年全国共出版连环画万余种，印数高达2.6亿册①。依托于强大的政策支持，集中有效的经济体制，加上连环画本身贴近大众审美的特点，连环画出版事业在中华人民共和国成立后进入了飞速发展期。

值得一提的是，中华人民共和国成立以后的连环画出版，出于普及新社会文化、制度、观念的原因，将广大劳动群众也纳入了受众的范围，而不仅仅是面向少年儿童出版。在此期间，一系

---

① 何溶：《与群众紧密联系的年画和连环画》，《美术》1959年第11期。

列有着强烈政治诉求的连环画作品相继推出,通过通俗易懂的文字及贴近现实的图片,给老百姓传达新社会带来的新气象。例如华东画报社在1950年出版了一本名为《解放前后大不同》的连环画,通过中华人民共和国成立前后在物价、政治制度、人民地位、工作环境、对外关系等方面的对比,以简单有力的语言控诉了帝国主义、封建主义、官僚资本主义在中国犯下的罪行,歌颂了新中国焕然一新、生机勃勃的社会新局面,能够激起普通民众对刚刚取得全国政权的执政党的信任与热爱,进而唤起他们心中创造更好将来的信心与热情。又如1951年出版的《婚姻自主斗争的胜利》连环画,是在1950年5月1日颁行《中华人民共和国婚姻法》的背景下创作出版的,当时农村里普遍流行包办婚姻,青年群众的婚姻基本沿袭了"父母之命,媒妁之言"的传统模式,基层群众对新颁发的《婚姻法》大多不熟悉甚至抗拒,在此背景下,这部连环画就带有了一定的普及法律观念的政治目的。该书以朴实无华的语言讲述了两个革命群众邰秀英和孙田均自由恋爱并突破家庭重重阻力最终成婚的故事,宣扬了婚姻自主的法律观念,在一定程度上纠正了农村的不良风气,在基层群众中普及了新中国的法律法规。

由此可见,新中国成立后的连环画出版观照了更多的社会生活内容,并赋予了连环画一定的政治功用,在国家的大力支持下,反映新中国的社会内容的连环画争相出版,题材内容涉及农民翻身、工人生活、战斗故事、英雄模范、历史故事、科学知识、卫生教育、儿童故事[1]等内容,并且展现革命内容和社会现实的

---

[1] 《上海连环图画的出版情况及主要问题》,见《中华人民共和国出版史料》(一九五三年),中国书籍出版社1999年版。

题材占据了多数，这一大批与社会意识形态相同的连环画作品的问世，鲜明地反映出执政党希望激发读者对新政权、新社会的认同的政治诉求，同时也推动连环画的受众从少年儿童发展到广大的工农兵阶级甚至知识分子阶层，有力地发挥着宣传教育的功用。

1966年"文化大革命"爆发，文艺市场也受到波及，连环画的出版创作也随之陷入低潮期。这一期间，文艺创作领域受到了强烈冲击，不仅一大批优秀的连环画大师遭受了不公平待遇甚至是肉体摧残，而且连环画本身的审美意义也被否定，连环画作为"文艺毒草"，被带上了"抹杀文艺特性"的帽子，出版事业一蹶不振。在此期间，虽然仍有新的连环画作品出现，但大多题材限定，思想僵化，内容空洞，教条主义氛围浓郁，丧失了连环画本身的艺术美感。综上所述，"文革"期间连环画出版事业受到了强力打压，内容形式较为单调，思想禁锢严重，对新中国的连环画出版事业造成了严重的不良影响。

"文化大革命"结束，新中国随即开始了"拨乱反正"、改革开放的进程，文艺领域创作、出版的禁锢逐渐卸除，连环画的出版事业得到复苏，品类和数量都迅猛提升。一批创作名家重新出山，这期间，也涌现了许多经典热销作品，如石豁意1979年创作的《铁虎除奸》、方瑶民1977年创作的《小兵张嘎》等。连环画出版行业的发行量也强力反弹，专载连环画作品的《连环画报》出版量在当时一度年发行量达到120万册。据统计，1977—1980年，全国出版连环画3000多种，总印数达到10亿册，仅1982年全年，全国就出版连环画2100多种，共计8.6亿册，占全国图书出版总量的三分之一①。连环

---

① 李彦强：《新中国连环画出版研究》，硕士学位论文，北京印刷学院，2012年。

画出版事业从"文革"动乱中恢复过来，并迎来了新的发展期。究其原因，一方面是这一时期"拨乱反正"方针不断深入，"解放思想"的社会意识已经深入人心，出版行业一扫"文革"时期万马齐喑的创作局面，极端的教条主义思想被摒弃，广大连环画创作者重新拥有了创作激情，有了一定的艺术自主性，不再受制于高压的创作环境。同时国家宣传机构也重新制定方针，从国家层面对连环画出版进行扶持和肯定，开创了连环画出版新局面。人民群众长期被压抑的追求艺术的欲望也得到释放，广大人民急需连环画市场来满足他们日益增长的文化需求，客观上也推动了连环画市场的繁荣。另一方面，随着改革开放的持续深入，挽救了国家经济，经济建设重回正轨，人民的经济能力得到提高，保障了人们购买连环画作品的能力，亦是推动连环画出版市场再度繁荣的重要成因。

　　好景不长，在迎来了短暂的迅猛发展期后，中国连环画出版事业再度陷入低谷。从80年代中期开始，连环画出版事业一蹶不振。连环画作品、种类持续减少，从业人员多转战其他阵地，出版社也纷纷停止连环画业务，读者大量流失，连环画最后的胜景慢慢落幕。究其原因，首先是连环画在"文革"结束后的迅猛发展期没有严格把控自身质量，出版社一味追求品种数量，导致连环画市场泥沙俱下，鱼龙混杂，包含低俗、恶俗、凶杀甚至情色内容的劣质连环画投入市场，影响了连环画的市场美誉度，同时大量出版的连环画作品倾泻市场，造成产品挤压，最终导致连环画价格大跌，市场崩盘。其次是传媒时代悄然来临，20世纪90年代开始，电影、电视、家庭DVD等多媒体的普及输出了大量可视性文娱节目，制造出更加形象化、趣味化的故事来吸引受众，进一步压缩了大众阅读连环画的时间。在来势汹汹的多媒体面前，连环画的优势荡然无存，电脑的普及更是加速了连环画时代的结束，全民网上冲浪的时代已经到来，连环画的单调性暴露无遗，以QQ聊天室、网络游戏为代表的网络娱乐产品深刻影响着中国大众的社会文化生活，新时代的娱乐产品轻而易举地改变了人们的娱乐习惯和休闲方式，一定程度上解构了全民阅读的社会文化，从这一维度讲，连环画的落寞有其时代必然性。最后，外来的漫画书，尤其是日本的漫画输出，进一步压缩了连环画的市场，阻断了连环画复兴的最后可能。从20世纪90年代开始，中国改革开放的力度不断加大，国内市场面向全球开放，以日漫为代表的国外作品争相进入，以压倒性优势占据了国内市场，进一步解构了连环画的市场地位，为连环画的衰落命运压下了最后一棵稻草，自此，连环画在中国荣光不再，黯然谢幕。

日式漫画侧重于故事的讲述，十分重视"故事性"的表达，它不仅依靠画面取胜，它讲究充分借调各种力量来达到图文关系的和谐，例如对话泡、速度线、拟声词、留白、汗滴等专有符号语言来生动地叙述故事，力图使读者进入它的故事语境。日式漫画具备着和电影、小说同样的故事容量，这种和谐的图文关系让日式漫画不仅有画面的美感，更保证了故事的连贯性，加深了它的情节内涵，再加上夸张的故事逻辑，天马行空的故事想象力，或是温情动人的故事框架，使得日式漫画在国内市场流行至今，经久不衰。20世纪八九十年代就不断有优秀的日式漫画传入中国，像孩子们耳熟能详的《铁臂阿童木》《圣斗士星矢》《花仙子》等作品，都是伴随着他们长大的，这批小读者也成了第一代日式漫画的拥趸，在今天也发挥了强大的购买力，成为日漫事业的支持者。日式漫画进一步压缩了国内连环画的生存空间，再加上中国台湾、韩国等国家和地区的共同围剿，国内连环画出版事业就此一蹶不振。

从 90 年代中期开始，连环画的收藏市场开始火爆起来，老版本、套书、电影故事连环本成为收藏市场的热门，像一套 50 年代三民出版社出版的《红楼梦》连环画，目前在市场上估价至少 12 万元，决定连环画收藏价格的是连环画的出版年份、出版数量及品相题材。作为一种收藏品，连环画的升值潜力一直被收藏界的行家看好，伴随着买进卖出的交易行为，收藏连环画逐渐变为一种投资行为，在资本的追逐下，连环画市场又显示出一种"别样"的火爆。但这并不是连环画市场复苏的表征，只是在资本刺激之下进行的一场收藏竞赛。它沉浸在过去连环画市场的辉煌里，没有新生的力量和生命，更没有深入新生读者的生活里，所以也就不难解释，当上海人民美术出版社再版连环画《红岩》《铁道游击队》时市场是多么的冷清了。连环画收藏热一直在延续，当下的收藏市场由于巨额资本的进入，交易规模也在不断增大，但只是一场基于怀旧意义的资本追逐，它的本质是市场投机行为，并不在于重振连环画市场的往日荣光。

值得一提的是，连环画的收藏热，离不开都市"怀旧"情感与市场经济的双重助推。连环画作为一代甚至几代人童年镜像的折射，是孩提时代绕不开的经典事物。在"怀旧"演变为一种流行的文化现象后，便悄然改变了人们的思维方式，甚至影响到了他们的消费习惯。怀旧情感不仅指涉对过去美好事物的怀念，更是指向一种更为理想化的生活方式与生活节奏，怀恋的是"在进入历史之前的时间和空间的伊甸园式统一"①，即带有一种乌托邦色彩的理想世界的自我构建。连环画的记忆与童年息息相关，大多数人能够在连环画身上实现对童年的回溯，在日益疲倦的成年生活中，大众普遍感受到社会带来的焦虑，而追忆无忧无虑的童年带来的情感抚慰是显而易见的，收藏连环画反映出消费者内心深处试图返回故乡和童年的意愿。当怀念童年成为当代人普遍的情感，作为商业力量的市场自然会迅速介入，从不同维度去开发大众的这种怀旧情绪。

怀旧，是萦绕在都市人心中挥之不去的一种情感，在现代经济不断发展成熟的当下，怀旧已然脱离最初的医学概念，内涵延伸到人文社会，成为现代人的一种基本生存情绪，它不单单是个体的心理思绪，已然上升到一种流行的社会思潮，对于现代人来说，怀旧是现代人情感中重要的组成部分，是已经深深根植于内心结构的一种情感。20世纪90年代以来，随着城市化的历史进程不断加快，无数中国人见证了农村发展为城市的经济神话，也有无数人离开故土，在新的城市扎根生存，在与故土日益割裂、渐行渐远的成长中，一方面感受着新生活的喜悦；另一方面也催生出对童年生活、乡村事物等传统文化的怀旧情绪，怀旧消费浪潮也应运而生，在此背景下，出现了许多以怀旧为主题的特殊消费空间，例如连环画收藏。

连环画的收藏市场始于20世纪90年代，正是连环画荣光不再的年代。作为一种在中国大地流行了几十年的文化事物，连环

---

① ［美］博伊姆：《怀旧的未来》，杨德友译，译林出版社2010年版，第53页。

画在几代人的童年记忆中留下浓墨重彩的一笔,当它带着完成的历史使命逐渐谢幕时,必然勾起一些人对于童年时代的回忆,连环画是童年记忆的一种符号,与之相关的童年往事通常是无忧无虑的情感体验。在社会迅速转型的当下,即使已经解决了温饱问题,大众普遍笼罩在一种生存焦虑下,精神家园长期游离,无所寄托,对连环画的收藏行为表面上是对童年往事的怀念,实际内核是试图完成对精神世界的重新建构,为个体生存找到慰藉空间,从而缓解生存压力和情感危机。

但我们同时注意到,连环画的收藏市场并不纯粹。大众文化的本质始终是商业文化,有着盈利动机,它始终机警地尝试嗅出大众的文化需求和盈利可能性,正如罗兰·罗伯森所说,"从政治上推行的怀旧被嵌入到一种更具普遍性、漫射性的消费主义至上类型的乡愁之中"①。消费意识始终与怀旧文化如影随形,具体一点讲,便是大众一旦有了对怀旧的需求,资本便会动用强大的商业力量来策划、打造、推广、供应具体的文化事物,来满足大众。在对怀旧进行消费之时,大众实现了童年镜像的自我回归,资本也相应获得了利益。例如当前在大中城市非常流行的"怀旧"餐厅,同样是一场由资本打造的基于找寻童年镜像的市场消费行为。以长沙知名餐饮品牌"文和友"为例,它打造了一个包含7层楼、2万平方米空间的长沙社区,再现了长沙20世纪80年代的生活场景,它通过复制存活于当时的文化产品,例如极具特色的店铺招牌、水刷石的墙面、哗哗作响的卷闸门、第一代防盗网、多一位的电话号码,将怀旧文化嵌入餐馆经营,给来客提

---

① [美] 罗兰·罗布森:《全球化——社会理论和全球文化》,梁光严译,上海人民出版社2000年版。

供了一个用于怀旧的情感空间,当消费者在这里用餐时,不仅享受到了地方美食,更激发了对于童年记忆及城市印象的审美回归。然而其背后的运行逻辑仍是集体记忆凝视下的传统再现以及基于城市怀旧主题的消费主义行为。同样,连环画收藏的本质,始终是一场被资本裹挟着进行的怀旧狂欢,它不是怀旧主题自由想象的结果,而是由商业机器运用强大的实力流水生产的一种产品。从这一维度来讲,大众的怀旧想象也日益被无形的商业力量所控制着,原本高度自由的想象空间渐渐被商业行为约束,怀旧不再是纯粹的"怀旧",而是流于肤浅的精神产品的批量制造,这是我们不得不反思的。

二 审美文化视域中的连环画

作为审美事物的连环画,它的艺术特点是十分明显的。连环画作品的很大一部分内容,需要通过脚本来实现,脚本一般为选定的文学作品,例如根据《三国演义》改编的连环画《千里走单骑》,便是根据这本小说中关羽历经艰辛与结义兄弟相聚的故事而改编的。连环画的文学脚本语言,支撑着整个故事的进行,居于主体、中心地位,只是囿于篇幅,或者出于加深受众对文字的理解的目的,需要用到图像来对整个故事进行辅助与支撑,图像居于从属地位。同时,中华人民共和国成立后的连环画出版与政治权力场有着密切的联系,中华人民共和国成立后,连环画从兴盛到衰落的三十余年,连环画叙事始终坚守着弘扬社会价值这一使命。

连环画的创作是依据脚本进行的,故事的框架是由脚本语言搭建的,脚本语言决定着故事的发展走向,故事本身无法脱离脚本主题自由发挥，同时，连环画的故事往往改编自文学作品，因此连环画的脚本是对文学作品的一种解构，通过脚本语言完成对作品的第二次创作，所以，从叙事学的维度讲，连环画仍然是一种文本语言叙事，虽然图画在叙事中担任着重要的作用，但连环画故事框架的打造、故事逻辑的持续仍然是由文字主力承载，图画只是配合文字对故事进行多维度的展示。文字在连环画中占据着强势的、中心的地位，从接受美学的角度来说，受众能否正确把握连环画故事的脉络，取决于连环画创作者对于文学作品的理解，取决于脚本语言对故事的交代清晰与否。连环画中的文字，是受众理解故事的关键因素。所以从连环画的创作到接受，文字都是居于强势地位的。同时，文字的抽象性也拓展了连环画语言的表达范围，在意境上能够塑造"言已尽味无穷"的审美空间，使得连环画在一个有限的篇幅能够较为艺术地展示一组故事，赋予了连环画一定的审美价值。在文字叙事是社会的主流叙述方式的年代，连环画的艺术特点契合了大众的审美方式，具有一定的社会接受度。

　　同时，如果我们梳理连环画出版在新中国的发展轨迹，会发现它总是与意识形态话语、政治语境有着千丝万缕的联系。自毛泽东发表《在延安文艺座谈会上的讲话》以来，文艺为政治服务的意识逐渐成为社会共识，"任何阶级社会中的任何阶级，总是以政治标准放在第一位，以文艺标准放在第二位的"①，中华人民共和国成立后，这一思想更加深入人心，指导着新中国的文学创作实践，成为新中国文艺创作的律条。中华人民共和国成立之

---

① 毛泽东：《在延安文艺座谈会上的讲话》，人民出版社1975年版，第32页。

初,大众的审美素养还比较低,连环画通俗易懂、简单有趣的特点非常适用于娱乐教化,不仅是宣扬国家政策的有力工具,同时也能潜移默化地改造国民性,提高他们的国民素养。

正如布氏所说,"'场域'的他律性主要表现为外部问题,特别是政治问题,能够在其中被直接的反映出来"①,反映了政治意识对于文学场有着深刻的影响,连环画出版事业的兴盛离不开国家机器的积极推动,例如,"文革"结束后,连环画出版再次迎来了发展高峰,与国家层面的大力支持密切相关。1981—1991年十年间举行了三次国家层面的连环画评奖活动,刺激了连环画的创作,以1985年为例,该年全国出版连环画3000余种,印数达到8亿余册,创造了中华人民共和国成立后连环画最高出版数量。所谓"成也萧何,败也萧何",正是由于政治力量的大力扶持,使得连环画行业的兴盛得来得过于容易,行业本身自律性不足,自身建设理念严重滞后,忽视了对于市场的全面考察,应对社会转型变化也严重滞后,最终影响了连环画的长远发展。

连环画逐渐式微一方面是行业建设出了问题;另一方面与文化转向息息相关。众所周知,连环画以语言表意为主,语言表意的叙事方法有其固有的特点,它对于故事的讲述是有较多留白空间的,习惯于间接的、暗示的叙事方式,连环画以文字为主要表达手段的特点也强调了受众要具有一定的审美能力,否则可能无法完全掌握故事的全貌。通过梳理连环画的审美特点,不难发现作为一种经典文化事物,它的落幕,有其社会的、文化的深层原因,可以说,读图时代的到来,加速了连环画出版事业的衰落。

---

① [法]布尔迪厄、[美]华康德:《实践与反思——反思社会学导论》,李猛、李康译,中央编译出版社1998年版,第30—31页。

连环画的式微与读图时代的到来有着紧密的联系，任何一种文学创作，都无法规避时代潮流与社会语境的影响。20世纪80年代末期开始，中国的市场经济规模不断扩大，日益丰富的社会文化和科技文化解构了单一的文化叙事模式，也影响了大众的文学接受方式。社会文化开始转向，出现了世俗化、多元化等特征，消费主义潮流也日益兴起，人们对于严肃文学、传统文学以及革命文学的热情消解便是从此时开始的。同时，20世纪90年代开始，越来越多的学者注意到了图像转向，互联网和电子技术制作出了大量的图像，图像景观日益深入人们的文化生活，其视觉价值的快捷与即时更替性冲击着人们对世界的认知方式，对于图像的熟悉度和习惯度上升至日常需求的层面，读图时代也逐渐拉开序幕，在阅读中，图像的强势地位也开始凸显，构成了连环画发展的新语境。

从接受美学的角度来说，受众对于连环画的叙事方式的接受度，有一个从强到弱的过程。在图像文化未曾兴起的阶段，社会主流叙事方式以文字语言为主要方式，接受者习惯于以解读语言文字的形式来获取信息，连环画以文字为主要信息承载方式，配以简单的图像辅助叙事，这种模式比较契合当时阶段的接受者的阅读习惯，获得了接受者的认可。随着社会文化的转向，图像文化异军突起，"以图言说"的阅读文化逐渐兴起，正如艾尔雅维茨所言，"在后现代主义中，文学迅速游移至后台，而中心舞台则被视觉文化的靓丽光辉所普照"①。视觉文化悄然改变了受众的接受方式，使"读图"这一方式日益成为社会的阅读流行。

---

① ［斯洛文尼亚］艾尔雅维茨：《图像时代》，胡菊兰、张云鹏译，吉林人民出版社2003年版，第34页。

究其原因，一方面是图像的形象性、直观性契合了社会转型后的大众阅读方式。图像日益承担起叙事的功能，并且深入到受众的生活方式之中。当一张电子图片或者新闻照片便能形象直观地讲叙故事与传递信息时，文字"再想象"的审美特质不仅无法再给受众带来阅读快感，反而增加了读者阅读的负担，这也可以解释当下无论是杂志、报纸，还是小说、诗歌都无法再在社会上形成阅读的风尚，遑论连环画这一小众文化事物了。"世界被把握为图像"是海德格尔对图像时代的判断，在图像与大众媒体的合谋中使得图像成为真相的主要传达方式，形成了"图像即真实"的社会语境，图像叙事成为当代社会的主流叙事。同时，图像因为具备了价值，成为无处不在的消费品，这种消费趋势进一步巩固了图像的霸权地位，人们逐渐接受了图像景观掌控日常生活的强势，这种强势地位自然也深入阅读中，表现为以图叙事的童书形式开始流行，绘本、漫画逐渐取代了连环画的市场地位。

另一方面，是社会阅读文化的消解。当市场经济意识、消费主义等多元化思潮不断冲击中国社会文化，也在悄然改变大众的阅读文化，"浅阅读"日益成为当下流行的方式呼应着时代节奏，它强调的是以更高效的效率获取更大量的信息，追求的是迅速消化与吸收，快速理解、快速抛弃，随即寻找新的阅读点。在广度上它能给读者非凡的阅读体验，结合图像的"可视性"特点，受众能够放下思考，快速高效地建立自身的知识体系、认知和价值观，但是在深度上，"浅阅读"无法给读者提供太多严肃的思考，它更像是一种"扫描"，在快速浏览信息的过程中获得心理的愉悦。在这样的背景下，连环画以文字为主导的叙事方式，是其走下历史舞台的重要诱因。它的图像，始终是以一种从属的地位依附于文字叙述之下，文字在连环画中的强势地位，决定了受众要以感知文字而非感知图像的方式去理解连环画，在全民读图的时代，这种方式渐渐受到了冷落。

此外，连环画于中华人民共和国诞生之初，便承载了为政治意识和主流意识发声的功用，一贯依附于主流文化创作，在中华人民共和国成立后确实产生了良好的社会效用，对于稳定社会民心、团结群众力量以及宣传政治思想都发挥了重要作用，但是随着改革开放的进程逐渐加快，社会文化日益凸显多元化特征，大众文化回归，对连环画的创作提出了新要求，而此时的连环画游离于主流文化和大众文化之间，在政治性和艺术性的取舍中彷徨未决，最终在两种语境中都未能实现突围，渐渐隐身于市场大潮之中，被后来居上的漫画和绘本迎头赶上，失去了市场空间。纵观90年代的连环画出版，一是优秀作品寥寥无几，部分作品乏善可陈，缺少亮点，制图不精，文字不考究，艺术性不强；同时，粗制滥造的连环画作品渐渐增多，扰乱市场的"跑马书"逐渐充斥市场，劣币驱逐良币，更加导致连环画市场的紊乱。二是优秀作家流失严重，因同期连环画薪酬较其他艺术行业偏低，行业不景气又导致提薪无门，大量连环画画家改行，投入到其他艺术领域，连环画的创作越发乏力，没有了坚实的人才储备，连环画的出版市场愈加狭窄。1986年，连环画最后的辉煌时代，当年出版总量还有1.3亿册，到了1987年便腰斩了近乎一半，只有7000万册，1991年更下降到几百万册，大量作品积压市场，连环画出版举步维艰，连环画最终便隐身于市场大潮之中。由此可见，作为一种文化商品，必须重视社会文化语境的转变，及时顺应市场形势，积极谋求与大众文化的对接空间，才能夯实生存土壤。

第二节 绘本在中国的兴起之路

绘本，是外来语，源自日语中图画书的叫法，意为"画出来的书"，一般是少量的文字搭配大量的图画，按照西方"picturebook"的含义，在本书中可以将绘本与图画书的意义等同。绘本是公认的最适合儿童阅读的书籍，它以图叙事，以图传情，兼具文学性和艺术性，具有较高的审美价值，绘本非常强调图片的叙事地位，它将原本属于高雅艺术的绘画艺术融入绘本创作中，以一张张绘制精美的图画帮助儿童建构丰富的精神世界。虽然绘本传入中国才短短几十年光景，但目前已成为最受中国家长和儿童欢迎的童书种类之一，其出版规模在童书市场也占据了相当一部分份额。

一 绘本在中国的发展史

绘本起源于19世纪中后期的西方，公认的绘本之父是伦道夫·凯迪克（1846—1886），他是19世纪最重要的儿童插画巨匠之一，今天最权威的绘本大奖——美国凯迪克奖即是以他的姓名命名的。凯迪克的绘本线条优美，人物形象栩栩如生，精准地反映了19世纪西方的时代风貌，他的故事构思精良，题材开阔，画风清新，具有浓浓的诗人情怀和田园牧歌气息，他的绘本实践奠定了现代绘本的根基，称之为"现代绘本之父"是实至名归。绘本在20世纪中期传入日本、韩国，70年代传入中国台湾，这些地区的绘本发展较早，在今天亚洲的绘本格局中占据着重要的地位，相比之下，中国的绘本出版事业发展方兴未艾，但发展劲头十足。

中国台湾地区是最早引进并发展绘本文化的华人地区之一，20世纪70年代，中国台湾作为"亚洲四小龙"之一，经济开始复苏，经济环境好转，大量民营资本注入绘本出版领域，带动了绘本产业的发展，1971年台湾出现首家民间出版社"台湾信谊基金会"，1978年出版彩版绘本——《彩色世界儿童文学全集》，标志着台湾绘本进入精装时代。80年代，台湾开始针对低幼儿出版大量绘本作品，绘本产业链愈加齐全，市场针对性更加精准，这期间，无论是绘本的数量还是质量都有飞速发展的趋势，当地出版社大量引进国外优秀版权，绘本出版量猛增，受众人口不断增加，台湾绘本出版业在80年代进入高速发展期。

进入90年代，随着全球一体化的趋势愈加明显，以及岛内开放自由的文化政策，台湾绘本也逐渐与国际接轨，不断加强与世界先进绘本制作地区的联系与交流，本土绘本大师如雨后春笋涌现，参加国际童书插画展览佳绩频出，台湾绘本的影响力也逐渐辐射到中国大陆地区及东南亚，在这些地区不断进行文化输出，抢夺当地童书市场。千禧年以来，台湾绘本出版产业继续保持着强劲的竞争力，《向左走，向右走》《布瓜的世界》等代表作品的出现是台湾绘本价值观逐渐多元的表现之一，得益于成熟的本土创作环境和优良的出版机制，台湾绘本开启了不同的表现模式，成人世界也成了绘本的表达区域。直到今天，台湾绘本出版产业仍然焕发着强大的生命力和影响力。

比较有名的台湾绘本大师有郝广才和几米。郝广才是公认的"台湾绘本之父"，早年学习法律行业的他，机缘巧合进入汉声出版社成为一名文字编辑，在工作中接触了大量优秀的国外绘本作品，使他萌生了自主创作的念头，因为自身天赋及勤奋好学的工作态度，郝广才创作了《第一百个客人》《小石佛》《大熊米多力》等多部优秀作品，逐渐成为行业翘楚。此后，他创立格林文化，出版了多部优秀的绘本作品，斩获国内外童书奖项300余项，同时，他也是台湾绘本进入国际视野的重要推手，是业内公认的使台湾童书进入绘本时代的关键人物。他认为，"一个社会的人从小看什么样的书，就培养出什么样的社会"，郝广才认识到了绘本阅读文化与社会价值观养成的有机联系，不遗余力地为在台湾地区推行绘本阅读文化贡献着力量。

几米，原名廖福彬，早年在广告公司从事创意策划工作，90年代末期开始从事绘本创作，1998年出版第一个作品《森林里的秘密》即获得良好反响，最为读者熟知的作品应该是1999年出版的《向左走，向右走》，这部作品是几米的代表作，也是他绘本技艺成熟的标志。它讲述的是不仅是在快节奏的现代都市中的人与人的情感关系议题，更是现代社会中空间的疏离带来的社会异化，用略显哀伤的笔调阐述了相遇和别离是人生不断循环往复的过程这一思想。《向左走，向右走》开创了成人绘本的新范式，给绘本文化注入了新的创作生机。

20年间，几米共创作完成57部作品，被译为美、法、德、希腊、韩、日、泰国等多国文字出版，他的作品笔调细腻，人物刻画生动，线条优美，温暖动人的故事框架使得儿童成人都是他的受众范围，也为他作品风靡华人圈打下了坚实的基础。几米在他的作品中也不断展示他对于生活的哲思，在他的视域中，世界的永恒本质是变化，人与世界的交际都是在这种变化中进行，这种变化是无序且随机的，使人生恒久处于一种"无常"的状态，所以人更应该用有限的生命去感知美好的事物，关注爱与温暖。正如他在作品中引用的辛波斯卡的诗句所言：我们何其幸运/无法确知/自己生活在什么样的世界。这种朴素的生命美学思想贯穿于他的作品之中，是几米绘本的底色。

进入 21 世纪以来，绘本这一形式的童书在中国大陆开始流行起来。绘本的主要受众是 0—8 岁的儿童，在这个年龄段的儿童，对于抽象的文字概念尚不能完整地把握，如果单纯用太多的文字讲述故事，可能会加大他们理解故事的难度，相比之下他们对于图画的形式把握更准，也更感兴趣。绘本强调插入图画的故事性，这是绘本最重要的特质，图画传递的意义更直接、更利于儿童把握，从图文关系的角度来说，优秀的绘本作品的文字甚至可以匿迹于图画之中，因为图画本身既能"讲述"。在绘本这一形式之中，图画相比文字是强势的，图画的质量决定着文本故事的好坏，文字只是作为一种辅助性力量参与故事的讲述，这一特质也符合儿童获取信息的方式特点，因此，绘本被认为是最适合儿童阅读的书籍形式。

当前，中国出版的绘本主要针对儿童市场，这与当前少儿图书市场火爆的原因是分不开的。2017 年中国少儿图书占整体图书零售市场的码洋比重为 24.6%，绘本和漫画书占了零售总额的 23%，并且有持续上升的趋势。2018 年，中国绘本零售规模占比上升到 24.98%，零售总额达到 58 亿元。在中国，少儿绘本何以如此流行？有以下两个原因。

一方面是中国庞大的低幼儿人口促进了绘本出版规模的扩大。二胎政策放开之后，绘本出版市场更是迎来政策红利期。得益于中国人口政策的放宽，越来越多的家庭选择生育二胎，根据国家统计局的数据，2019全年出生人口1465万人，在新生婴儿中，二胎的比例达到了57%，而绘本的受众范围非常宽广，0—99岁的人群都是它的潜在受众，绘本适合低龄儿童阅读的特点，使得它成为诸多家庭培养幼儿阅读习惯的首选。同时，"80后""90后"家长成为生育主力，这一代家长育儿理念更加先进，消费能力更加强劲，在图书审美上眼光更高，绘本是当代家长心中最适合儿童阅读的书籍种类，在消费者心中拥有较高的美誉度。

另一方面是绘本自身的审美特点导致了它在市场上的流行。绘本以图叙事，图片作为文本意义的主要生成手段，承载了文本故事的情节逻辑，文字只是辅助性手段来帮助受众更好地解读图像。因此，大部分绘本作品会精心制作绘本图像，图像是绘本的生命，通过阅读精心制作的绘本图像，能让受众产生积极的、有意义的情感呼应。阅读能力是使阅读乐趣持续的基石，少年儿童正处于对色彩、线条、构图非常敏感的阅读时期，而对文字这种需要抽象加工的形式缺乏兴趣，由于阅读能力的限制，往往只能获取文字的表面含义而无法深入文字蕴含的情感，绘本则是非常适合少年儿童阅读的书籍，能够开拓儿童的精神世界，引导他们以敏锐的观察、细腻的感受与丰富的想象力在绘本建构的奇异世界里快乐遨游。

回溯中国童书出版的历史，绘本在华人地区的兴起，正是在连环画逐渐式微的80年代末期开始的。一种新兴文化的兴起，往往伴随着另一种传统文化的徐徐谢幕。究其原因，会发现图文叙事方式的不同，导致了两者在面临社会转型时不同的命运。

众所周知，从20世纪80年代末开始，中国社会面临着急速转型，在经济上，社会主义市场经济体制的逐渐确立，给沉闷的商业环境带来了开拓进取的新风貌,人们逐渐从集体经济的意识中挣脱出来,在商业大潮中追逐浮沉,逐利的商业行为不断解构着人们形成已久的集体文化,个人主义、金钱主义等思潮不断冲击着人们的三观。在文化上,在"文革"结束后至80年代中期,中国大地的主流文化是一种反思语境,人们厌倦了"文革"期间毫无生机的文化景象,力争要反思这一场"文化灾难",反思社会文化今后的出路,带有浓郁的意识形态色彩。但是从80年代末期开始,社会文化也在悄然发生转向,政治形态话语逐渐隐身,新思潮不断涌现,人们的审美、创作正不断挣脱政治意识的束缚,力图摒弃以单一的政治学角度来诠释文化,从美学、人类学、伦理学、心理学等多种角度来考察文化,抛弃单一的、二元对立的文化逻辑,以整体的、多元多维的文化观来诠释社会,不仅给沉闷的中国社会带来了新鲜的空气,更是对整个社会思维层面的一种革新。从科技上来看,第三次科技革命持续焕发强大生命力,电脑以及部分多媒体系统(电视、手机、传真、打印、录像机)深入人类的日常生活,成为大众传播的主要媒介,不仅改变了大众获取信息的渠道,更是视觉文化异军突起并成为主流叙事的强大助推。正如学者周宪所说:"读图显然比读文字更加惬意直观,更具'审美的'属性和意趣,它与当代社会中的世俗化和消费主义意识形态是一致的①"。

在这种社会急速转型的背景下,绘本的审美特点无缝契合了时代的特点,促使了这一文化事物的流行。一方面,绘本脱离了单一的政治逻辑的束缚,在多元语境中表达多重主题。相较于连

---

① 周宪:《读图,身体,意识形态》,天津社会科学院出版社2002年版,第78页。

环画,它不再围绕着政治话语和意识形态的宏大语境来进行叙事,也不像连环画背负着历史使命和政治责任,它更多地指涉创作的自由空间,更加尊重作品的审美,尊重文学的特点,也在不断拓展着题材内容,个体意识、人与世界、人与自然等过去极少在连环画中有所涉及的内容都成为绘本的表达空间,多样化的创作方法取代了单一的政治话语,使绘本有了更深、更广的内容。大众文化的消费性和娱乐性也在不断挑战着之前的主流意识形态话语,抵抗着主流叙事,并逐渐成为社会共识。因此绘本展现的多维的、碎片的、另类的内容形式,正是对大众文化的热烈迎合,也完全契合去中心化、去政治化的时代语境。

另一方面,绘本的叙事体系中,图画居于中心地位,绘本里的图片不像连环画中是以辅助的地位出现,它不是文字的附属形式,而是占据着绘本的主要布局,承载着主要的叙事功能,以图叙事,以图传情,图片里处处包含故事运行的逻辑和线索,是叙述故事情节的一种表意方式,而绘本中的文字则退居幕后,协助图片进行叙事。例如国产原创科普绘本《盘中餐》,作者于虹深入云南大山之中,亲历中国传统的水稻栽种及加工全过程,以水彩、写实的笔调记录着中国传统耕种技术,创作出绘本《盘中餐》。书中通过一幅幅图画,真实再现了一粒米从播种到搬上餐桌的全过程,画面中丰富的色彩搭配、跨页全景的布局设置以及清新朴素的画风给读者展示了一幅唯美的、复古的乡村画卷,将中国传统文化之美以朴素、真实的笔调呈现在世人面前。一本优秀的绘本作品不是简单地呈现图像,而是在图像中赋予深意来传递作者的意图,作者在阅读图像时,能够激发自己的艺术性想象,召唤已有的生活经验来呼应图像的传递。像《盘中餐》这部作品，封面是一碗米饭，而米粒的呈现形态是由高山、农田、溪流组成的，它传递的是水稻生产要顺应天、地、人等因素的朴素观念，更与中国传统文化中"敬天爱人""天人合一"的理念遥相呼应。受众如果有与水稻相关的生活经验，很容易从这张图片中提炼出作者的应有之义，甚至会联想起自己辛勤耕种一世的祖辈，阅读绘本的行为便由外及内触发了受众的情感体验，发展成为心智的活动，并在脑海中对图像进行再想象加工，转化为特定的意象，进一步掌握了绘本的主旨。

正是由于绘本叙事方式与时代审美逻辑的完美契合，才完成了对连环画的超越。图像叙事，在景观社会中大行其道，社会的中心舞台被图像景观占据，伴随着多媒体时代的到来，人们已经习惯图像直观作用于他们的感官，带领他们走进故事情景，完成对故事的把握。绘本以图叙事、以图传情的叙事方式是对时代节奏的呼应，在文化全球化的语境下能够抹平语言和文化的局限，从而为自己赢得了更多的受众，获得了更强的生命力。

二 中国绘本出版市场的隐患

绘本进入中国大陆并形成阅读风尚的时间还不足二十年，虽然发展时间短，但当前中国的少儿绘本出版市场非常火爆。当当网的数据显示，童书消费用户中人均购买最多的就是儿童绘本，京东的2019年童书报告中也提到绘本板块占比已经接近四分之一，可以预见绘本出版事业在中国正是方兴未艾，庞大的人口基数保证了绘本的生存空间，绘本的艺术特点也契合孩童的年龄阶段特点，使得家长对于绘本的市场接受度非常高。但是，中国绘本出版业也存在着一些发展隐患。

首先是原创作品的稀缺。2017年,来自境外的绘本作品占据码洋总规模的四成,相比2014年,境外码洋占比上升了近7个百分点。品种则接近三分之一。2019年当当和京东的绘本畅销榜前二十位,海外引进版权分别占了十九席和十八席,引进国家主要集中在德国、日本、美国等出版大国,而国内的原创绘本无论是在市场美誉度还是行业接受度上都和国外优秀版权存在一定的差距。可以说,中国绘本出版行业目前正处于引进多于原创、借鉴多于创新的初始阶段。国外引进作品力量强势,在经济上,加大了中国绘本出版行业在版权上的资金投入,从而影响了绘本的市场价格,最终也会影响消费者的购买行为。在文化传播上,国外绘本引进也是西方文化渗透力的一种体现,孩童正处于身心发展的关键时期,如果有一些与社会主义核心价值观背道而驰的作品流入市场,不仅会扰乱国内绘本出版市场,还可能给中国儿童带来消极影响,这都是值得我们反思的方面。

中国绘本原创作品出版寥寥,其原因是多方面的。从创作者来说,中国绘本创作者多属于"专精型",即大部分创作者只负责绘本的图画创作工作,而文字工作则另有其人完成。绘本有其独特的艺术价值,并不仅仅是简单的图文拼凑与组合,由于绘本的图文一致性,这种创作模式难免造成内容与形式一定的割裂,进而影响到绘本的艺术价值。毫无疑问,如果图文能够由同一人完成,那么作品不仅图文匹配度高,在文本意义传达上也将达到一个更高的水平。

从出版社方面来说,当前出版社存在一定的急功近利现象,不尊重绘本从业人员的劳动付出。因为市场的火爆,急于出版的意识影响了绘本的打磨,出版社往往缺乏"工匠意识"而强调流水线式的绘本创作，更要指出的是，国内绘本从业人员地位不高，在绘本出版环节享受到的话语权不够，待遇偏低，这与出版社的强势地位是分不开的，也影响了绘本创作者的工作热情。

其次是从业人员素质参差不齐，作品质量良莠不齐。从长远角度来说，不利于绘本出版业的健康发展。中国少儿绘本出版行业人才寥寥，不仅跟国内出版生态环境过于功利有关，同时也因为从业者整体水平与国外先进层次还有较大距离。纵观国外优秀绘本大师，大多知悉儿童心理学相关知识和绘本基础理论，并且能够运用自身的艺术能力，完成一流的插画、一流的故事。像安东尼·布朗，他的作品《我爸爸》《我妈妈》以孩童的视角，描述心中的爸妈如何无所不能，尽管爸妈可能只是生活中的普通人，但在孩子心中就是超人一般的存在。这与我们的成长经历何其相似，大部分人最早的英雄崇拜都映射在爸妈身上，"父母崇拜"情节贯穿着许多儿童成长的过程，在他们身上不断刻下烙印。像《胆小鬼威利》，以一只小猩猩的视角，反映的是一个胆小孩童的成长之路，威利变强壮的决心和行动的毅力可以为小朋友做个很好的榜样，具有深远的教育意义。好的绘本大师并不止于用流畅的线条刻画人物，用优秀的笔触描述故事，他同时还能对孩童以及社会进行深刻的人文关怀。中国绘本从业人员素质整体还有很大的提升空间，存在着创作视野狭小、专业知识缺乏等问题，难以在故事题材上取得突破，习惯于深植中国文化题材，故事类型单一，抑或借鉴国外故事，模仿痕迹严重。一部分从业者不尊重孩童心理特点，一味标新立异，创作出一些不符合孩童审美的作品，引发争议，例如之前在网上引发争论的《一只丑小鸭的悲剧》，这部作品以丑小鸭离家出走后被人抓住做成了烤鸭为结局，不禁让人追问，这样面向孩童的作品以此结局是否合适？这样的作品暴露出绘本创作一个突出的问题：我们的儿童本位观创作还有很长一段路要走。

最后是题材单一，同质化现象严重。少儿绘本是童书销售市场最重要的增长力量之一，以2018年的数据为例，中国少儿图书占整体图书零售市场的码洋比重的四分之一。从数据上来看，我国绘本出版市场呈现出欣欣向荣的发展态势，但是背后也隐藏着行业危机，那就是在绘本内容上还存在着题材单一的困境。当前的少儿绘本题材主要集中于少儿益智及中国传统文化知识。如果考察中国传统文化内容，会发现有太多的素材可以作为少儿绘本的表现空间，但是，目前的少儿绘本出版市场没有将重心放在提炼中国传统文化素材方面，而是倾向于选择一些常见的文化知识来重复出版。在当当网搜索"唐诗绘本"，有92家出版社的多个版本供受众挑选，总计9000余件商品，然而适合少儿阅读的唐诗一共就那么多，出版商无非在书本的封面、排版上做一些差异化处理，内容基本雷同，在表现风格和手法上缺乏创新性和趣味性，最终将会导致读者的流失。同质化内容的堆积反映出绘本出版行业存在着明显的急功近利思想，出版商过多地强调了市场利益，忽略了对绘本艺术品质的追求，长此以往，将给中国绘本出版的良性发展带来阻碍。此外，国内的绘本在内容上略显单调，重视教育功能，而忽视了儿童本身的性格特点。诚然，在中西方的教育思想体系中存在差别。西方一贯推崇杜威的教育哲学，提倡以儿童为中心的创作本位，讲究围绕儿童本身而不是依赖教科书和教师来进行教育活动；同时，西方世界也认同杜威的"教育无目的论"，教育即生长，教育即生活，是一种对人体本能的自然的开发,反对给教育强行增加社会的、政治的目的性,认为强加目的这一过程会禁锢孩子的天性,影响他们的智慧,主张儿童的本能、冲动、兴趣所决定的具体教育过程就是教育的目的。而中国传统教育思想是"师者,传道授业解惑也",几千年来的教育思想都倾向于从教师的视角去教育儿童,导致对儿童本身关注不够,即便是在"儿童本位观"已经深入绘本创作机制的现代,这种倾向仍在某些作品中得到体现。

第三节　新时期的新兴童书形式

随着中国童书市场不断开拓,在市场上流通的童书种类也出现了新变化,立体书和VR/AR童书便是其中的典型代表。立体书的雏形很早便在西方出现,但直到20世纪30年代才初步形成出版规模,大规模进入我国的童书市场也仅十余年时间,它兼具了书的"知识性"和玩具的"趣味性",让书籍既能承载知识,又有了玩具的功能,在当下的童书市场颇受中国家长和儿童的欢迎;AR/VR童书自2014年登陆国内市场后,也引起了强烈的市场反响,它运用媒体技术,将逼真的场景内容展示给受众观看,极大地强化了受众的视听体验,是数字媒体融合童书出版的重要标志。

一　立体书在中国的发展进程

立体书是在童书市场不断开拓、童书形式不断创新的进程中诞生的,它源自西方的概念"Pop-Up Book",即可以弹出来的书,中国一般翻译为"立体书",因为它一般面向儿童,也可以称为立体童书。立体书的最大特征是除了基本的平面空间，能够通过翻转、拉伸、挖洞或3D立体设计在书中延伸出立体造型，以达到进一步与儿童互动、加强他们立体思维、强化他们阅读兴趣的这一类书。立体书同时具备着阅读和游戏的双重功能，对儿童的生长发育十分有益。

相较于传统童书，立体书在儿童阅读习惯养成方面有独特的优势。众所周知，儿童时代的阅读习惯对于成长之后的阅读能力有很大的影响，很多家长从小便刻意培养子女的阅读习惯，但是针对孩子阅读习惯的养成却不能一蹴而就，引导方式有其特殊性，因为孩子的天性是玩耍，不能强迫他进行阅读，如果读物内容枯燥乏味，也不能激发他的兴趣。对于儿童而言，立体书的新奇构造使得它更像是一部承载着阅读功能的玩具，这一形式增强了书本和儿童之间的互动，能够诱导儿童深入书本其中，在阅读的基础之上动手能力、空间建构能力也得到了提升，使儿童在不自觉间便建立了阅读的习惯，从这一维度讲，立体书其实肩负着推广全民阅读的宏大主题，亦是时代的需要。

此外，立体书的独特构造，使得脑部发育处于发展关键期的儿童能够开发创造力和想象力，儿童需要通过手指的拉转翻伸等动作完成书中立体形象的建构，引起视觉上的好奇，纸张的切割变化、图形的不同重组也能够激发思维的开拓性，所以，立体书能够有效锻炼儿童的触觉、视觉、感觉等多种觉察能力，相较传统童书而言，它的时间和空间概念得到了极大的激活，这种独特魅力完美契合着孩子热爱探索的天性。

立体书的概念最早仍是起源于西方，早在13世纪，西方即发明了立体书的雏形，但是流传范围比较小众，主要运用在自然科学、玄学、导航等领域。儿童立体书直到18世纪才逐渐进入市场，1765年，英国人罗伯特·赛尔首次在儿童书籍中加入翻转等立体书技巧，奠定了儿童立体书的发展之路。1932年，美国的蓝带出版社开始使用"pop-up"来作为这一类书的通称，这一词语也成为全世界通行的立体书名词。立体书进入我国地区的时间并不长，进入21世纪以来，伴随着童书市场的进一步发展，出版社纷纷涉足立体书业务，安徽时代出版集团打出"打造中国第一家玩具书出版基地"的旗号，积极出品了多款立体书，其他如深圳报业集团出版社、中国少年儿童出版社、未来出版社等也不甘落后，纷纷驻足立体童书出版市场。

经过十余年的发展，立体书出版行业涌现了一大批优秀的中国作品。2009年，香港地区知名插图设计师刘斯杰出版了《香港弹起》，这一立体书以香港真实人文社景为依托，记载了三代人居所变迁的生活内容，从而反映出一个时代下香港地区的沧桑巨变。2010年上海世博会之际，黄山书社和香港三联书店联合出版了更为宏大叙事的《中国弹起》，该书收录六个立体纸雕：长城、兵马俑、浑天仪、敦煌石窟、故宫和鸟巢。不仅有展示中国古代雄伟军事实力和科技实力的优秀作品，也有中外文化交流的见证，更有新中国走上世界舞台的英姿展示，是国内第一本以立体形象展示中国文化的立体书作品。2018年，安徽少年儿童出版社出版了以中国新年为主题的《欢乐中国年》立体书，它拥有43个活动部件、16个揭秘机关，包含了9个过年主题，生动建构了中国新年胜景，再现了中国传统文化。

国内立体书出版产业方兴未艾，属于新兴市场，品牌众多，作品繁杂，基本针对儿童市场。目前一个突出的问题是原创立体书品牌竞争力不强，国外立体书在市场中处于绝对优势。根据当当网的数据，目前国内立体书原创作品非常少，市场基本被国外引进作品和国外原版作品占据。欧美国家立体书产业得益于起步早，经验足，生产流程熟练高效，故事体系打造精准，编创绘制自主性强等特点，在世界范围内的立体书市场中都有优势。

众所周知，我国拥有五千年的文化积淀，厚重的历史意味着有很多引人入胜的"中国故事"等待挖掘，成为立体书的素材。如何立足本土，讲好中国故事，用好中国文化，是本土立体书品牌能否保持长期竞争力的关键因素之一。上文中提到的《中国弹起》《欢乐中国年》都是利用好中国元素的优秀作品，值得国内同行学习借鉴。立体书虽然造型奇巧，但终究还是要靠一个优秀的故事内核作为支撑，才能成为经典作品。同时，虽然国内立体书在人文历史故事素材方面具有优势，也要看到在科技、军事等创作方面的不足，相较于欧美成熟的故事生产体系，我们的素材略显单一。

得益于近年来积累的创造、加工经验，中国立体书产业也积累了一批优秀的本土创作者，随着国内经济势头的持续强劲以及二胎政策带来的儿童人口基数稳步上升，可预见的是这个行业在吸纳人才方面将充满竞争力。虽然目前本土人才的数量还不够可观，但相信如果能够进一步优化文化政策，提高行业薪酬，优化行业体系，本土立体书创作者数量应该会保持上升势头。

另一方面，立足本土只是夯实自身发展的第一步，在打造立体书品牌的同时，也要坚定不移地执行"走出去"的策略，国内在这一点上已经迈出坚实步伐，2018 年，乐乐趣首届立体书展在西安举行，不仅有《绿野仙踪》《大闹天宫》等为代表作品的世界经典立体书系展出,还带来了以法国纸艺大师菲利普·于什、美国艺术家大卫·卡特为代表的当代新锐立体书作品;2019年八月,第二届北京国际立体书展在中国国际展览馆新馆首都版权专区举行,不仅展出了《哪吒闹海》《十二生肖》等本土优秀原创作品,也带来了国外一部分优秀作品。此类书展为全世界的立体书行业带来了交流的平台,也为中国文化的"走出去"提供了契机。

此外,国内立体书出版的另一个突出问题便是制作程序复杂带来的价格虚高及立体书市场把握不精准。立体书在国内的售价基本都在传统纸质书的4—5倍,究其原因,一方面是立体书制作程序相对复杂,一本立体书的产生大致要先后经历创意构思、制作原型纸模、成本估价、插画定稿、确定刀模线、制版打样、印刷等环节①,其中一些环节必须手工完成,限于技术原因还无法建设全自动化生产体系,这在客观上带来了成本的增加。另一方面,部分国内出版社虽然成立了立体书制作的工作室,但是普遍采用从国外购买版权进行制作的市场策略,这一策略虽然省掉了创作构思的成本时间,但是也加大了立体书的制作成本,因为购买版权花费不菲,这一部分资金投入势必会分摊到作品之上导致定价增高,另一部分国内出版社将立体书市场视为小众市场,暂时没有开发相应的立体书业务,也造成了立体书产业在我国还未能起势,属于小众产业,未能形成高度工业化、集成化的立体书出版体系,也是立体书价格控制略显失败的原因之一。

---

① 林训民:《玩具书:从构思创意到印制出版》,《印刷经理人》2010年第2期。

二 AR、VR 童书的中国发展史

增强现实技术 AR（Augmented Reality）和虚拟现实技术 VR（Virtual Reality）是计算机科学在当代多媒体领域的重要创新应用。随着人们对当代儿童出版物创新需求的不断提高，VR/AR 技术在少儿出版领域的应用目的、应用效用和应用方式渐渐成为首要研究的理论问题。

增强现实技术 AR 和虚拟现实技术 VR 是近年来的科技热词，在多个领域已经实现了应用。简单来讲，VR 即虚拟现实技术，它主要的技术手段是通过一系列技术如仿真、人工智能、计算机处理等的整合，来模拟人的感知世界，使使用者进入一种虚拟的时空世界，获得一种沉浸体验，它最大的特点是能够突破时空局限，建构一个让人流连忘返的计算机场域。AR 即增强现实技术，它最大的特点就是虚实结合，以手机、平板等多媒体设备为载体，在上边投射出经过科技处理的虚拟世界，为人们所感知，使人们获得一种虚实融合的交互体验，它能够将扁平的信息立体化、丰富化，加强视觉效果和互动体验感。

AR 技术在童书出版领域已经得到较大规模的应用。2014 年，接力出版社就尝试运用 AR 技术出版了一套"香蕉火箭科学图画书"系列的科普书籍，涉及自然景观、建筑交通等主题，它主要的实现途径是通过下载应用程序，就能够在多媒体设备上投射出立体逼真的景观图像，使得一些难以目见的自然景观比如电闪雷鸣、火山爆发能够以 3D 视角呈现给受众。像电子工业出版社出版的《AR 奇幻植物园》，儿童读者只要使用手机扫描书中的手绘植物图便能看到逼真的 3D 植物模型，触碰这些植物还会叠加相应的视觉效果，这种新奇的阅读体验极大地提升了儿童对于阅读的兴趣，也便于加深他们对于自然科学的理解。以《AR 奇幻植物园》的销售数据为例，自 2018 年 8 月登陆京东网以来，已经累计销售了 8 万余本，累计评价有 5 万余条，从一个侧面反映出中国 AR 童书越来越受到中国消费者的欢迎。

AR/VR 技术带给童书出版的影响是巨大的。从受众角度讲，AR/VR 一方面可以提升儿童的空间建构思维和想象力，AR/VR 技术通过数字化手段还原真实世界的空间景观，让儿童获得一种虚实结合的美妙感知，激发他们对世界的探索欲，AR/VR 带给儿童的书中世界是立体的、3D 的，儿童可以凭想象力在其中驰骋，在不自觉间想象力和思维能力都会得到有效的开发。另一方面，AR/VR 技术能够提升受众的阅读体验。传统童书受限于科技的限制，更多的是通过绚丽的插图、童趣的文字来提升读者阅读体验，而 AR/VR 技术打造的故事空间是立体的、多维的，它营造出一种逼真的虚实融合空间，用接近受众生活体验的方式来还原故事原貌。例如人民邮电出版社出版的《动起来吧，宇宙空间》，这本书有十余个 AR 应用，与书中内容紧密贴合，只要拿出手机扫一扫，就能立体呈现深邃的宇宙景观，还可以模拟飞行、观看星系动画，带来耳目一新的互动体验，在这样的接受氛围中，孩子们更能感知到阅读的魅力。

从出版行业角度来讲，AR/VR 技术一方面无疑创造了童书出版的新形式。童书出版深度融合 AR/VR 技术渐已成为行内趋势，2015 年 AR 技术被评为年度技术，短短几年时间，AR 技术便在多个领域融合运用。AR 童书的持续畅销，让出版社获得良好市场经济效益，在这种丰厚市场回报的吸引下，可预见的是 AR/VR

技术将成为童书出版的持续热点。相较传统童书，AR/VR童书更好地利用了科技，丰富了故事呈现的方式。此外，AR童书出版的火热也促使出版社关注到配合AR技术使用的产品外延，例如手机App研究、小程序开发等，值得一提的是，这些技术搭配AR运用在童书出版领域已经日渐流行。

另一方面，AR/VR也扩展了童书的出版内容。比较典型的是科普故事类童书，因为AR/VR技术特点十分契合科普类童书对于科学概念的展示，例如传统童书对于恐龙这一科学概念一般是通过彩色恐龙图片来表达，但在AR技术运用中，能够给读者展示一只栩栩如生、会吼叫会奔跑的恐龙立体图像，无疑能够加深儿童对于这一科学事物的认识。这种无缝对接的融合使得AR科普类童书十分畅销，占据各大售书网的排行榜。但在AR/VR技术普遍运用于科普童书的事实背后，我们应该看到在其他童书题材中如亲子教育、寓言故事也有很大的AR/VR运作空间。当AR科普童书取得成功之后，出版社会扎堆进入，有可能使得这一类型的图书饱和，甚至让读者产生厌倦性阅读体验，如何将这一技术不断深化扩展，开创内容融合新题材、新领域，或许值得每一家出版社思考。

AR/VR童书出版行业方兴未艾，形势大好，但我们也要关注到背后凸显的一些行业问题。目前来说，业内人士主要在两个方面有一定的担忧。第一，如何深化AR/VR与出版之间的合作，并深化产业创作机制。相较于传统童书，AR/VR童书出版涉及更多产业的融合，例如动漫、影像制作、手机小程序，如何构建更完整的产业链体系，做到出版社与其他行业的完美对接，整合优质内容和关键技术，是能否出版优秀作品的关键。目前来说，国内AR/VR童书出版行业侧重于引进版权，而不是投入到AR/VR

素材库建设、开发周边产业体系等方面。出版社引进版权然后编辑出版固然是一种快速收益的模式,但从长远来看,建设AR/VR素材库或许更是一种节约成本、深化产业的良好模式,随着网络云储存的发展,建设素材库可以积累更多素材内容,实现批量管理,随拿随用,从而夯实素材基础,节约制作成本。

第二,业内人士对于AR/VR童书出版行业的担忧集中在销售模式方面。相较传统童书,制作周期长、制作工序复杂、增值服务多导致AR/VR童书的售价偏高不下,动辄百余元,甚至几百元,所以主要集中在网络渠道销售,在各大购书网站偶尔以发放优惠券、满减活动等形式进行一定额度的价格优惠,但是相对传统童书来说,价格劣势还是非常明显。因为销售模式的单一,AR/VR童书在品牌塑造、运营推广等方面都还有发展的空间,也是"AR+出版"这一新出版模式之后需要积极面对的问题。

三 结语

以上仅仅就中国童书几个典型的出版物代表展开了简单的论述,实则在近百年波澜壮阔的中国童书出版发展史上,还有诸多可歌可颂的历史性时刻值得我们书写。从连环画到AR童书,反映的不仅是新中国童书出版业的沧桑巨变,也是"儿童本位"思想在童书出版业逐渐被重视、不断被实践的过程。少年强则国强,从教育的角度来讲,中国童书出版业肩负着培养时代新人的重要任务,相信进入社会主义建设新时期,中国童书出版必将迎来新的发展期,在亲子教育、儿童教育、社会主义核心价值观塑造、国家文化自信建构等方面将发挥更重要的作用,取得更重要的突破。

第三章　中国童书出版困境

改革开放以来，中国步入稳健发展的新轨道，1979—2018年我国经济年均增长率达到9.4%，尤其是进入21世纪以后，得益于国内外相对安稳的发展环境、全球化的经济浪潮以及中国发展方针的正确引导，中国的经济实现了跨越式增长，GDP总量目前已经跃居第二，2019年我国人均国民总收入也超过了一万美元，高于中等收入国家平均水平。在这样的背景下，21世纪以来中国童书出版事业的发展也是蒸蒸日上，2000年以来，我国童书出版规模每年以两位数的速度增长，2017年中国图书零售市场总规模为803亿元，其中童书码洋占比为24.6%，占据了近四分之一的份额。2018年，童书码洋规模进一步扩大，相比2017年增长1.6%，达到253亿元。2018年度，仅在当当网上，全年销售童书就为6.2亿册，占当当网图书整体销售的25.9%，童书规模增长率超过图书市场整体增长率，成为带动中国图书市场发展的重要一极。童书出版事业的欣欣向荣一方面得益于国内经济红利；另一方面与中国庞大的儿童数量以及中国家长日益先进的育儿理念有很大关联。目前中国有3亿多儿童，占中国人口总数的五分之一，占世界儿童总数的13%，如此庞大的人口基数带动了童书出版的发展，保证了童书出版的生长空间，同时，经济的增长以及中国人才市场竞争的激烈态势，使得中国家长在教育子女领域愿意投入资金，而儿童时代是子女教育的关键时期，自然也使得中国家庭在子女阅读的消费投入不断提高。同时，面对受众庞大的童书市场，国内出版社争相进入，企图分食蛋糕，又由于童书出版的门槛限制不大，利益稳健，投入产出比诱人，使得大小出版社不管专业与否，都纷纷涉足这一领域。截至目前，我国参与到童书市场的出版社已经达到556家，占中国出版社总数的95%；目前国内每年出版童书1.6万余种，几乎占中国图书总数的三分之一。业界认为中国童书出版正处于蓬勃发展的大好时机，但我们同时也注意到，在繁荣背后也有暗流涌动。

如果我们回到布氏的观点，会发现他对于一个特定场域内可能发生的困境也做了学理阐述。他认为任何一个场域都有可能以一种"机器"的方式开始运作，当场域内所有的行动者都遵循着自上而下的运行逻辑，形成了支配者压制被支配者的板结空间时，场域内的争夺关系和辩证关系便会停止作用。虽然布氏只是将这种场域内的"机器"运动视为一种构想中的极端情况，难以在现实中找寻到它的运行轨迹，但仍然可以给中国童书出版出现的困境提供学理上的启示。回到现实层面，会发现即使中国的童书出版进入了迅猛发展的快车道，也同样存在着如下文所说的几个困境。

第一节 市场利益驱动的重复出版

当前市场环境下，一般的童书出版主要是三个形式：原创、引进、整合。而整合已有文化资源是当下最常见的出版方式,囿于资源的有限,引进和原创的出版作品只占据着不大的比重,整合则是童书出版最重要的一种方式。很多童书作品,其实都是对素材资源的重新整合。以中国传统小说四大名著为例,每年针对这四本书的整合出版都是层出不穷的。例如在当当网搜索"红楼梦",仅2020年出版的版本,就有"无障碍精读版""白话文阅读版""青少年语文新课标必读丛书""四大名著连环画"等多个版本,可见整合资源是当下童书出版社常见的一种方式,也是为业界认可的一种利用资源的有效途径,通过从不同维度对资源进行包装出版,推向市场,满足受众不同层面的要求。

然而,在市场利益的驱动下,当下童书的整合出版出现了一些乱象,重复出版的现象比较严重。童书出版业面对的是一个有着近4亿的受众人口、年销量近百亿的庞大体量、年增长率近十的发展速度的市场空间,在这样的市场驱动下,童书出版的重复现象是普遍存在、长期存在的,值得学界反思。前中国少年儿童新闻出版总社社长海飞提到:重复出版"是童书繁荣发展的绊脚石,既扰乱了图书市场,又败坏了出版声誉;既浪费了出版资源,又破坏了社会和谐"①。当前,重复出版主要的表征集中在以下几个方面:

首先是跟风出版。所谓跟风出版,即是当市场上某一本书或某一种题材掀起了市场热潮时,出版单位会闻风而动,扎堆出版相近题材、相近书名或者相近包装的童书,泥沙俱下,鱼龙混杂。2001年J. K. 罗琳创作的《哈利·波特与魔法石》进入中国,

---

① 海飞:《向重复出版说不》,《出版参考》2013年第11期。

讲述了一名名叫"哈利·波特"的小巫师的历险故事，该书以奇思妙想的故事情节、诙谐幽默的文学语言在中国获得了无数拥趸，立刻掀起了一股"哈利热"。国内出版社立马嗅到了商机，一时间，有关魔幻题材的童书风靡市场，虽然一些作品不敢明目张胆挂着"J. K. 罗琳"的大名，但在书名上确是大同小异，大打擦边球，如"哈利·波特与黄金甲""哈利·波特与瓷娃娃""哈利·波特百科全书""哈利·波特魔法学院"等一系列书籍，这些书籍虽然不是盗版书籍，但是质量良莠不齐，借着"哈利·波特"的春风，在童书销售市场上狠圈了一笔钱。又如，国内著名儿童文学作家沈石溪创作的一系列动物小说如《刀疤豺母》《狼世界》《白天鹅红珊瑚》屡屡斩获国内大奖后，其本人也成为国内儿童文学领域内享有盛誉的动物小说作家，随着他的作品不断畅销，童书市场忽然多了许多动物小说，一些作家开始讲述自己与动物的"真挚"感情故事，林林总总，真假难辨。

跟风出版的重灾区一是集中在儿童教育类书籍，众所周知，中国家长普遍有一种"育儿焦虑"，总是担心自己孩子在同辈竞争中处于下风，因此在教育投资这一块投入了很多的金钱和精力。童书出版业看准了儿童教育的市场需求，使得市场上出现了一大批质量参差不齐的儿童教育类书籍，在同个主题下，往往有多家出版社出版同一类书籍，书名、内容甚至排版都大同小异。例如"感动"系列，有感动小学生的100个感恩故事、感动小学生的128个智慧故事、感动小学生的128个经典故事、感动小学生的128个品德故事、感动小学生的128个心灵故事等，层出不穷，花样翻新，这种跟风出版往往是在市场出现某一个主题热的局面后，出版商运用资本大肆进入，以较短的时间完成从创意到出版的环节，对文本内容缺少考究，急匆匆投入市场竞争。这背后的商业逻辑是急功近利的逐利行为，它忽视了文本创作内涵，也不尊重儿童身心发展的客观规律，违背了童书出版关注儿童身心健康的初衷。

另一个跟风出版的重灾区是弘扬中国传统文化的童书类型。众所周知，中国的传统文化资源丰富，能够为童书出版提供源源不断的故事素材，也能够增加童书的可读性，同时潜移默化培养儿童对中国文化的认同感。尤其在国家大力弘扬传统文化的大背景下，童书出版社也肩负着"讲好中国故事"的宏大使命，因此作为童书出版的一个小分支得到了迅猛发展。以目前来看，关于中国传统文化教育的童书板块，重复出版的现象也较为突出。在当当网搜索"传统节日"关键词，选择0—14岁的年龄区分，一共上架了1846本关于传统节日的童书。仅在首页，关于中国传统节日故事的书籍，便有故事集、绘本、立体书、注音本、贴纸书，其中绘本更是有四五家出版社的作品，翻看这些书的商品详情，内容大同小异，对比之下区别并不明显，更有甚者，某些章节、内容重合度还很高。其实，"传统文化+童书"的出版模式作为未来童书出版的一个发展趋势，在当代是有深植空间的，只是我们目前暴露的问题是，面对如此优秀的创作题材，一些童书出版商选择了利益更大的捷径，没有投入精力去好好打磨素材，没有深刻体悟中国传统文化的内涵，停留在商业运作的表面。正确的出版思路应该是选择利用传统文化的精华，创作出具有鲜明文化烙印的童书作品，收获市场的同时赢得美誉度。从国家战略角度来说，少年儿童是传承传统文化的关键主体，精心出版"传统文化+童书"的优秀书籍，是事关下一代健康成长的国家大业，是国家文化事业的重要有机组成。如何将中国传统文化的博大精深融合进一个个趣味十足的童书故事，让儿童身临其境地感受传统文化的魅力，是每一位童书出版商值得反思的问题。

童书跟风出版的市场行为一定程度上反映了童书出版商的出版重心出现了偏离。他们将资本大量运用于容易产出效益的领域，而不是花精力去开拓新的童书出版领域。以 2017 年当当网的销售数据来看，2017 年当当 16 万种在库童书品种中，不到 1% 的图书实现了 55% 的销售，出版社在重仓投入头部产品的同时，新品增长乏力①。虽然短期内仍可以收获市场利益，但从长远来看，可能会导致童书出版发展后期乏力。保证源源不断的优秀作品投入市场是保持童书出版市场生机活力的重要因素，也是关系到我国能否从出版大国转型为出版强国的重要举措。如果缺乏创新型思维，侧重于收获市场利益而忽视了对童书题材、形式上的开拓，那么单一化的创作终会被市场和消费者舍弃，陈旧老套的内容最终伤害的会是童书出版本身。

其次是消费作者，过度出版。优秀的童书作者是市场稀缺资源，他们的作品一般美誉度高，市场认可度高，自然会受到受众的追捧，但一个作家的精力是有限的，他无法源源不断地出产作品，在这种情况下，出版社一般会利用好他已出版的作品，同样的一本书包装成不同形式反复上市，例如注音本、精装本、典藏本、纪念本、合集本，从而达到赚取利润的目的。诚然，一部优秀的童书作品值得得到市场的接受，对社会来说是宝贵的精神财富，它的传播有利于弘扬社会精神文明，给儿童教育提供优秀素

---

① 喻之晓、王馨可：《〈小兔子睡不着〉用场景革命打造超级 IP》，《中国出版传媒商报》2017 年 6 月 28 日。

材。但如果过度消费知名作家，会取得适得其反的社会效果。

过度利用作家、重复出版名家作品的现象早在改革开放之初就引起了国家的重视，早在1983年，文化部就下达了《关于纠正文学类作品重复出版问题的通知》，督促出版社不要将出版资源集中在少数作家身上，要积极发现新作者；同时规定国内出版社已经出版的作品，其他出版社如有出版必要，必须在取得原作者和原出版社的同意下才可重复出版，未经同意者视作侵权处理。时至今日，过度使用畅销书作家的现象在业内仍十分普遍。例如曹文轩，作为目前国内输出版权最多的一位作家，他的代表作《草房子》《青铜葵花》《羽毛》等作品版权已输出到50多个国家，同时也是第一位获得国际安徒生奖的中国作家，他的作品往往以诗意如水的笔调描述略带悲伤的童年生活，在生活的困难中完成对积极心态的建构，给读者树立起面对生活的信心，这种朴实的价值观书写是他走进国际视野的重要原因。然而，树大招风，以《草房子》为例，在国内就被中国少年儿童出版社、江苏凤凰少年儿童出版社、长江少年儿童出版社、人民文学出版社、北京少年儿童出版社等十余家出版社出版，出版形式更是涵盖了精装版、典藏版、20年纪念版、插画版、小说系列，这些版本在内容上基本没有区别，只是在包装上各家出版社都花了点心思。一旦取得作者授权，出版商即将他的作品改头换面投入市场，借着作家的热度完成市场销量，完全无视出版资源的浪费，从近些年的市场行为来看，风头正盛的童书作家大都享受过这一"待遇"。

对于上述过度利用作家、反复出版的出版行为，许多学界人士已经进行了批判和反思。本质上，这是出版商与作者基于法律框架内的一种市场合谋行为，背后反映的不仅是基于功利化目的的一种市场投机，更反映出我国优秀童书资源、优秀创作人员的稀缺。虽然目前我国童书的出版规模、市场销售额都很巨大，无愧于出版大国的称号，但在繁荣背后，也应该注意到目前的童书出版场，能够代表中国童书先进水平的作品还不够多，能对行业产生巨大影响的作家还比较少，如果童书出版场能够扎堆涌现一大批优秀作家和优秀作品，形成百花齐放的局面，那么出版商争抢知名作家的现象必将减少。目前的市场繁荣，主要是庞大的市场人口以及良好的经济环境造就的，所谓"站在风口上，猪都会飞"。繁华背后，我们应该认识到基于行业的自身建设还有很大突破的空间。

另一个过度出版的现象集中在对公版书的使用上。所谓公版书，是指作者去世50年后，该书的版权进入公有领域，出版社可以直接出版，不需要再支付版权费用。正因如此，公版书的出版管控一直难度很大。大众熟知的《安徒生童话》已经在国内有300多个版本，《十万个为什么》有500多个版本，让人眼花缭乱。在面对国外公版书时，突出的问题是译本质量，频繁的出版导致译本质量参差不齐，例如经典儿童文学名著《小王子》，目前的译本有200个版本，大部分译本不突出译者，何解？正是指向公版书出版界的一大乱象：译者从业资格不够。一些译者本身没有达到翻译外文的资格，水平不够，胡乱翻译，而出版商也睁只眼闭只眼，缺乏编辑、校对，只要成品一出，精心包装一番便投入市场，不仅造成了出版资源的浪费，亦加大了受众筛选的难度，同时，造成国内童书市场鱼龙混杂，充斥着大量劣质童书资源，损害了出版单位的市场公信力。虽然，基于市场经济基本运作背景的出版机构必须得将利益诉求纳入长期的发展规划中，但是出于对祖国下一代健康成长的保护，童书的出版质量更应该是出版机构最应考虑的要素。

最后是非法重印、盗版屡禁不止。一方面是盗版生产链稳固，屡禁不止。2020年1月，蒲蒲兰绘本馆官方公众号上新了关于抗击新冠肺炎的漫画，针对少儿普及抗疫知识，漫画内容涉及病毒的产生与传播、健康卫生习惯养成、如何有效防止疫情散播等情节，用轻松活泼的漫画情节寓教于乐，每天的平均阅读量在3万次左右，取得了不错的社会反响。3月份，这条刊行于微信公众号的漫画被蒲蒲兰公司整理成漫画书印刷出版，面向社会发售。但没承想，仅过了18天便有盗版问世，盗版商从扫描、翻印、装订出版只用了短短十几天时间，盗版童书生产链条体系之成熟，可见一斑。盗版商一般瞄准社会反响好、销售规模大的童书作品，从生产到销售已成一条龙体系趋势，由于网络平台众多，导致盗版童书销售渠道变广，社会监管难度加大，导致盗版童书屡禁不止。

另一方面是用超低的价格来拉拢消费者，扰乱市场行为。目前流行的盗版销售渠道之一便是利用微信公众号来传播盗版。盗版商往往打着儿童教育的幌子建立微信公众号，利用"一分钱扫描抢书""集赞秒杀"等超低价活动来销售盗版童书，更有甚者，利用微信等社交平台建立分销体系，拉拢妈妈们做分销，以销售额来定提成，导致许多不明真相的妈妈们在朋友圈做起了盗版童书销售工作，这种销售形式没有成本，获单后扣除利润后将单子上交给上线，上线负责配送、物流。从法律层面讲，在微信平台上未经作者许可或者授权便销售作者作品，毫无疑问侵犯了作者的著作权，同时，国家严格把控图书销售的资质要求，这种行为已经涉嫌销售盗版，会根据销售盗版的金额和规模承担一定的法律责任。

盗版童书对社会的危害无疑是巨大的，这也是国家坚决打击盗版行为的主要原因。从经济方面讲，盗版商以较低的价格出售商品，扰乱了正常的市场经济秩序，压缩了正版童书的生存空间，造成了劣币驱逐良币的现象，导致了市场上盗版童书的泛滥。同时，盗版童书侵犯国家利益，使大量应该上交国家的税收流失，盗版商中饱私囊，却导致国家社会形象和经济收入受到损害。从消费者层面来说，盗版童书出版侵犯了读者的正当权益，视读者为上帝是童书经营者的法旨，但盗版书商只是将消费者视为谋取利益的工具，以低价劣质的商品来进行商品交换，是一种市场欺诈行为，破坏了消费者与书商的市场关系。从作者方面讲，盗版童书的出版无疑损害了童书作者的正当权益，盗版书商往往选择畅销童书作者下手，一部作品常常盗版印刷几百万册，严重影响了作者的税收收入，损害了作者的经济利益。并且，绝大部分盗版书粗制滥造，错字频出，流入市场之后，给作者也带来了不良的声誉影响。从儿童健康来讲，一些盗版书为了压缩成本，以劣质纸张、劣质油墨进行印刷，往往含有大量不利于儿童健康的有害物质，例如劣质油墨中常常含有残留的邻苯二甲酸酯，这种物质能严重影响儿童的内分泌系统，儿童在翻阅盗版书籍时，手指会接触到劣质纸张油墨带来的铅、苯、脂、酮等残留物质，通过儿童的手口传播，极易威胁儿童健康。

重复出版的问题在童书出版领域已经引起一部分从业人员的警惕，但仍然有一部分出版单位未能规范出版行为，同质化、低层次重复出版的行为屡禁不止。重复出版童书的现象本质上应该归因为出版界"儿童本位观"的缺失,童书是基于儿童本位观的文本写作,作为把关作品质量的出版单位,应该仔细审视作品,坚决杜绝向少年儿童输送文化垃圾的不良行为。而不应该在市场利益的导向下迷失了初心,应该看到,不管市场经济发展到哪个阶段,作为肩负人才培养重任的童书出版单位,尊重文学审美特质,尊重童书出版的艺术价值应该作为最基本的职业操守。这种重复出版现象应该得到儿童文学界、教育界的集体重视,也应该引起出版业的行业自觉。童书出版不仅仅指涉市场盈利,它是连接优秀童书和少年儿童的桥梁,它的首要任务是将符合社会主义精神文明的优秀童书输送到全国近4亿少年儿童手中,以优秀的童书作品为钥匙,走进他们的精神世界,陶冶他们的情操,培养他们健全的人格和聪慧的学识,为祖国的下一代成长保驾护航。在一个以市场经济逻辑为基点的童书经济时代,当代童书出版业应该思考,在权衡社会效益与经济利益时,如何坚守出版文化的操守,守住自己的初心。

第二节 艰难的国际化征程

近年来中国童书出版的持续火爆已经为大众所熟知,童书产业飞速发展,无论是出版规模还是销售总额,中国已经称得上是世界出版大国。在当下的市场环境和文化背景中,出版商已经察觉到童书出版所蕴藏的巨大市场潜力,童书板块已然成为中国图书出版界发展势头最猛、最受大众瞩目的一个细分市场。大量资本灌入,使得百分之九十的出版社都有童书出版业务,随着新时期中国国力的不断增强，经济事业和文化事业都开拓了繁荣的新局面，给了中国原创童书走进国际视野的资本和空间，如何在国际舞台上以原创童书的输出为契机，讲好中国故事，弘扬中国文化，给世界传递真实全面的中国形象，树立更加伟岸的大国形象，是每一个出版单位都值得思考的问题。从目前的情况来看，原创童书的国际化征程处于良好的发展态势，与国际的合作、交流日益深化，文化输出的影响力也在不断扩大，但同时也暴露了一些困境。

第一个困境是较为悬殊的引进输出比。随着中国童书出版市场日益活跃，国内童书出版机构在海外参展的身影日益增多，中国童书如何接轨世界市场这一话题也迅速提上日程。近几年，随着国家对文化事业的重视，以"一带一路"打造文化包容的利益共同体，促进了少儿出版领域与外界的交流与合作；同时，因为开放的市场经济体制及强大的市场需求，国外引进版权纷纷登陆市场，和本土原创童书激烈厮杀。中国出版协会少读工委主任海飞表示，虽然中国已成为世界第二童书大国，但"引进四千种，输出一千种"，引进数量远大于输出数量。以 2015 年的数据为例，原创版儿童文学和引进版儿童文学的销售比例约为 5∶5，原创版儿童图画书（含绘本）与引进版儿童图画书的销售占比约为 3∶7，原创儿童科学书和引进版儿童科学书的销售占比约为 2∶8[①]；2017 年，当当网共销售童书 4.1 亿册，但原创童书只占三分之一的份额。这几年，虽然原创童书出版事业势头正猛，走出国门的童书不断增加，但改变版权逆差的现状还需要一段时间的

---

① 《童书市场："野蛮生长"之后走向何方》，[2016 - 06 - 01]，中国出版网，http://www.chuban.cc/cbsd/201606/t20160601_ 174140. html。

发展。

儿童文学版块是童书出版市场最早发展、最成熟的版块，有着深厚的历史经验和文化积淀，在曹文轩、秦文君、郑渊洁等一批优秀儿童文学作家的开拓下，新时期的儿童文学出版展现了较为强劲的发展势头，能够和引进的优秀儿童文学作品分庭抗礼，但是在科学书籍和儿童图画书版块，引进版权的市场占有率无疑是强势的。以儿童绘本为例，2016年当当网绘本畅销书TOP10全部来自引进版权；而在科普类童书领域，出版社选择引进国外成熟的科幻作品进行翻译、包装已经成为行业习惯，原创科幻童书并不受到出版社的青睐。

这种较为悬殊的版权贸易逆差是有多方面原因的。一方面，欧美等国的童书出版积累了上百年的历史，生产链条完备，生产体系成熟，并且，国外的童书出版业深受杜威等儿童学家的思想影响，对儿童群体的身心特点研究得比较深入，基于儿童本位观的创作理念已成为业内共识。因此创作出的内容，在内容和选题上都较为新颖，包装、印刷普遍精美，符合儿童审美，深受市场青睐。同时，有些家长认为国外优秀的童书作品富含西方人文底蕴，阅读这些作品可以增进孩子的国际化视野。另一方面，是本土原创童书处于起步发展时期，虽然发展势头迅速，但融入经济全球化的圈子时日尚短，整个行业早年深受计划体制的影响，缺乏行业自觉，安于现状，品控上不尽如人意，同时，缺乏国际视野，应对引进版权的抢滩登陆时经验不足，失去了一部分市场。尤其是在科幻童书和儿童图画书这两个品类，本土童书暴露了创新能力不强、缺乏创作想象、创作理念相对落后的弱点，在市场竞争中劣势比较明显。在市场经济体制以利润多少来决定商业行为成败的背景下，以及国家不断强调讲好中国故事、重视传统文化事业的大环境下，童书出版场的引进版权与原创版权的市场之争，也就成了一个深受商界、文化界关注的问题。

　　童书出版场的版权引进有着双重意义。从积极方面来讲，首先它能够优化童书市场的竞争体制，给原创童书的出版事业带来"鲇鱼效应"。所谓"鲇鱼效应"，即是在市场中引入竞争机制，激发原有主体的危机意识和上进意识，调动生产积极性，更好地激发企业活力。引进国外优秀版权能够丰富童书市场的层次，通过童书质量、包装等方面的良性竞争，能够督促中国原创童书审视自身不足，汲取先进经验，启发原创童书如何依托自身优势来实现竞争力的突破。其次，它给了中国消费者更多的市场选择，给中国的儿童教育提供了更多的素材支撑。国外引进版权中大部分是已在原有市场取得市场成功的作品，作品的思想性、文学性都已经得到检验，这样的优秀作品通过出版商译介打入中国市场，无疑丰富了童书市场的产品选择，给中国消费者提供了更多优质的精神产品。最后，引进版权给中国原创童书带来了值得借鉴的国际出版经验。一方面是作品方面的启发，国外的童书作品普遍重视装帧、封面设计、排版，注重色彩搭配与儿童天性的协和，尊重儿童心性，内容上充满童趣，绝少说教，这些经验给中国童书的出版实践带来了有利的转变。另一方面，给中国童书出版的产业链延伸事业也提供了良好的借鉴，在中外版权深度合作的同时，国际童书出版界在产业链延伸打造、概念产品、文创产品等周边开发以及全版权经营整合等多方面给中国童书出版提供了可靠经验，目前，中国童书出版产业链的打造正在高速度、成体系、大规模地发展着。

引进版权的消极意义主要体现在对国外童书价值观的强势输出，可能会消解中国传统文化在新一代少年儿童教育养成中的力量。众所周知，国外童书是基于国外审美观和价值观的写作，在引进版权强势占有市场的大背景下，如果我国少年儿童长期浸染在国外文化的熏陶中，将有可能对西方文化产生价值认同和精神向往，而对本国文化兴趣缺失，从而影响了中国文化的传承与发展。同时，国外童书的强势文化输出，也可能影响本国文化"走出去"的步伐。近年来，随着"中国化"叙事不断被提及，本着开放交流的心态，中国文化有着强烈的输出意愿，作为承载着中国文化表达的重要载体，中国童书如何抵抗外来版权的价值观入侵，如何坚守本土价值观叙事，如何重新发掘传统经典故事的"国际性"，走出国门与国际童书分庭抗礼，是中国童书界目前不断在反思并践行的重要课题。

第二个困境集中在创作领域，暴露了核心竞争力有待加强的行业现状，影响了中国童书"走出去"的进程。儿童文学、科幻科普、绘本图画是童书出版的三大品类，占据着童书市场绝大部分市场份额。作为三大品类中发展势头最好、销售规模所占比重最大、受众覆盖最广的一个，原创儿童文学能够在童书市场上与国际童书成分庭抗礼之势，并且，在文化输出方面也有不错的斩获。以曹文轩为代表的一批儿童文学作家，已经进入国际视野，一些版权已经形成输出规模，打进国际市场。目前，创作和发行的困境主要集中在科幻少儿文学和少儿绘本两个版块。

少儿科幻童书是科幻图书的一个分支，它主要的受众是思维敏捷、探索欲强的少年儿童，以幻想叙事为主，往往基于当下或涉足未来的科学体系即"客观真实"与"假想真实"的空间去建构故事，从而达到宣传科学观念、培养少儿科学思维、激发少儿想象力的目的。

中国科幻童书的初步发展要始于中华人民共和国成立后的50年代，得益于"双百"方针的文艺政策以及重视科学、学习科学的氛围，一些出版社开始推广少儿科幻作品，此时的科幻童书大多翻译自苏联的科幻文学，出版社主要从事译介工作，原创科幻童书寥寥无几。进入80年代，全国的文化事业开始复苏，加上全国科学大会的召开，科幻童书真正意义上迎来了快速发展，这个阶段的少儿科幻童书出版有几个显著特征，第一是以科幻小说为主要形式。无论是郑文光的《飞向人马座》、叶永烈的《小灵通漫游未来》还是童恩《珊瑚岛上的死光》，都在当时的市场上引发了强烈反响和购买热潮。第二是特征不明，游离于科学和文学之间。当时的科幻童书受限于时代，主要以小说为主，便难以在科学和文学之中找到归属，当时的业界热衷于探索少儿科幻之于其他儿童文学的区别性特征，反思少儿科幻建构起自身独立价值体系的必要性，在当时引发了很大的讨论。进入90年代，科幻童书的出版又发生了转向。科幻小说的受众群体悄然移向了成人，与此同时，少儿科幻作家的整体素质得到提高，一部分具备扎实科学文化功底和相当科学素养的作家进入该领域，他们不满足于作品只限于简单的科学普及，而是向往更深远的表达空间，因此，专注于少儿科幻创作的作家越来越少。时至今日，业界也在重新审视少儿科幻与成人科幻的关系，科幻评审大奖也增加了少儿科幻作品的评奖；一部分主流作家的创作态度开始转变，越来越多的新秀作家投身到少儿科幻图书创作中。

当下的少儿科幻童书出版有成绩，也有制约其发展的痼疾。

第一个制约是原创科幻童书的作家群体数量较少，缺乏后备人才，作品产出受限，市场号召力低。目前，本土少儿科幻作家代表人物中，市场号召力和业界影响力最大的只有杨鹏，而反观成人科幻领域，则是群星璀璨，以刘慈欣、何夕、王晋康等为代表，在作品数量和市场反响方面都很优秀。以刘慈欣为例，他的《三体》系列作品，被翻译成19种语言，总销量达到2100万册，并获得了第七十三届雨果文学奖，在世界范围尤其是亚洲掀起了"三体"热。2019年，他另一部科幻作品《流浪地球》改编成电影搬上荧屏，拿下46亿票房，成为科幻小说改编成电影的最成功范本之一，在"刘慈欣热"的助推下，韩松、夏笳等一批中国科幻作家也相继受到海外关注。我们可以看到，一部作品的成功可以促进一种文学类型的传播，传播规模达到一定量时又可以进一步加大作品的输出，正是有《三体》这样的标杆作品，才带动了科幻文学成为一时间的文学流行。相比之下，目前少儿科幻作家中还没有出现像刘慈欣这样市场影响力巨大的人物，这与少儿科幻写作的特殊要求有直接的关联。

基于少儿视角的科幻童书写作，对少儿科幻作家有不同的要求。它不仅要求作家拥有较为夯实的科学知识储备，具备一定的科学思维以及理论水平来支撑写作，更重要的是，它要求作家在掌握科学写作的同时，了解儿童受众的接受特点，知悉他们的阅读需求，作家要从儿童文学中获得灵感，培养自己更加多样化的叙事风格、行文特点，用契合少儿审美的写作语言来进行科学故事的书写。简言之，一部好的少儿科幻作品是有文学性维度和科学性维度的，这两者是辩证统一的关系，结合这两点进行创作，才能创作出优秀的作品。这样的写作特点使得培养一个少儿科幻作家非常不容易，一些少儿科幻作家虽然具备扎实的科学功底，但在遣词造句时忽视受众特点，用词生硬，在阐述科学知识时高深晦涩，加大了受众的理解难度；一些作家虽然用词活泼，契合儿童阅读审美，但苦于基础知识储备不足，又流于肤浅，达不到"科学性"的要求。少儿科幻作家团队的整体素质还有很大的提升空间，在一定程度上制约着原创科幻童书的发展。

第二个制约是我国原创少儿科幻科普发展的问题是作品本身的局限。纵观我国原创少儿科幻科普作品，相当一部分暴露了选题雷同、作品本身审美性和科学性不强的局限，影响了市场占有率。一方面，同质化的科幻科普童书在市场十分常见，例如对国内优秀作品的跟风模仿，例如海豚出版社出版的《这就是二十四节气》，这是一部十分优秀的原创科普童书，在市场上也取得了傲人的销售成绩，是弘扬中国传统文化、普及传统知识的优秀范本。在它创下了年销售量100多万册的成绩后，一大批蹭"二十四节气"热度的科普童书相继问世，同样一个知识点，内容是很难有创新的，反而让消费者眼花缭乱，增加了选择的难度，同时带来出版资源的浪费，形成追求短期利益的不良风气，对原创少儿科普科幻作品的长远发展起到不利的作用。

另一方面，作品本身的知识性、艺术性还有待提高。因为国内专注少儿科幻科普写作的作家群体数量非常有限，而少儿科普科幻版块又是一个市场占比大的细分版块，因此在市场利益的驱使下，一些自身专业素质不高的作家也在从事科幻科普文学写作，而国内市场准入门槛又偏低，导致原创作品质量参差不齐。而引进科普科幻作品的质量相对要好，它们一般多数是获得过童书大奖的作品，在国外市场已经得到市场检验，质量较高，因此在进入国内市场后，更加清晰地比对出原创作品的不足。另外，由于市场表现力欠佳，出版社更热衷于引进国外科普作品投入市场，使得原创版块的创作更加弱势，反过来进一步制约了原创作品的发展空间，形成了一个恶性循环。目前，国内原创少儿科普科幻作品在排版上、设计上往往显得创意不足，习惯以平面文字讲述科学故事，反观国外作品，往往运用制作精细的立体书、翻页书等创意形式，并且深谙儿童阅读喜好，使得作品的制作非常符合儿童审美。诚然，国内一些出版机构已经开始尝试创新原创少儿科普图书的表现形式，但总的来说，要想实现产品升级，赢得与引进图书的市场竞争，还有很长一段路要走。

对于原创绘本来说，在中国，它的出版工作，直到2010年前后才受到出版社的重视，在此之前，出版社的常规操作是引进国外成熟的绘本作品，通过版权教育和译介工作，拿到国内投入市场，因为这些作品已经经受住了国外市场的考验，因此能够快速收获市场，为出版商赚取利益。随着国家层面对童书出版事业的不断重视，试图挖掘中国传统文化的市场张力，更加注重"中国故事"的表达，原创绘本的出版在这种背景下迅速崛起，占有了一部分市场，赢得了一大批受众。

由于原创儿童绘本的起点较低，在国内兴起的时间很短，目前在市场上仍然无法撼动引进绘本的强势统治地位。从自身层面挖掘，会发现中国原创儿童绘本在传统文化表达上还是陷入了一定的困境。众所周知，中国是有五千年文明的国家，中国传统文化元素也是我国原创绘本的主要表达空间，承载了凸显中国传统文化品格的重要价值功能，无论是极具特色的传统节日、地方民俗，或是源远流长的神话传说，还是闻名于世的历史英雄和历史名迹，都是原创儿童绘本的重要文化内容。在"讲好中国故事"的创作背景下，固然可以接受以"民族化"创作为主流的创作方式，但不应该成为扎堆进入的领域，更不能思维固化，简单地在作品中累加传统元素，止步于传统文化元素的浅层书写，以符号化、刻板化的书写模式来表达中国传统文化的内涵，那样的表达方式难以深入中国传统文化的内核。

对于传统文化事物的运用，符号化的刻板书写背后反映的是创作群体灵感的枯竭和思维的局限。中国传统文化是良好的素材，但要在传统上有创新。具有中国特色的原创儿童绘本，不是传统文化元素的简单叠加，而是真正深入中国人的文化思维去讲述生动的故事，在故事书写中融入属于中华民族的价值审美、文化认同、语言习惯，便能让受众潜移默化地受到中国传统文化的熏陶，感受中国传统文化之美。要摆脱言之无物的表达方式以及对标志符号的依赖，力图捕捉到打动人心和丰富质素的故事空间。例如周翔的作品《荷花镇的早市》，讲述的是一位生活在城市里的小男孩阳阳，随着父母来到水乡小镇给奶奶拜寿，并跟着奶奶赶了一次早市的所见所闻。在这平常的一天，作者以淡雅的笔调，徐徐铺开水乡的温馨画面，画面里有古色古香的街道、斑驳的石桥、黑瓦白墙的建筑、水面徐行的乌篷船……，通过"赶早市"这一极具生活气息的行为，不仅给受众展示了江南水乡古色古香的美，还宣扬了中华民族勤劳踏实、热爱生活的民族特质。不仅如此，"赶早市"是为了买一桌好菜，图一家团聚，更是升华了绘本的主题，表达了中华民族重亲情伦理、以家庭为重的社会观念。像这样的作品捕捉到了具有丰富层次的文化故事，结合平静朴实的笔调，悠扬祥和的意境，使受众感受到传统江南水乡景色之美，感受到那一份质朴的诗意，并无形中接受了中国传统人伦道德的渲染。然而遗憾的是这样的作品还不够多，原创儿童绘本急需摆脱功利化的创作，并停止灌输式的讲述，应该深度挖掘故事表达内涵，用儿童视角叙事使他们收获阅读的喜悦感，从而赢得儿童的心理，使他们在潜移默化中感受到中国传统文化的美感。

得益于中国童书出版业的蓬勃发展，中国童书在品类、数量上已经完全可以跻身世界出版大国。然而值得注意的是，在浩如烟海的儿童作品中，优秀的原创精品数量，还远远不能满足受众日益增长的阅读文化需求。同时，中国优秀童书作品在国际上影响还是不够深远，数量还是偏少，暂时还不足以形成一种强大的文化势力，来达到向世界输出中国文化的目的。正如儿童文学作家曹文轩所言，"我们提出走向世界的话题，就意味着我们处在一个非常不利的状态"。从这一维度来讲，中国童书"走出去"的任务，还任重道远。

第三节 新科技与文化转向的冲击

2010年，在童书出版界被称为"数字出版元年"，科学技术的不断更新促成了数字出版的繁荣，经过十年的发展，作为童书出版的新方向，数字出版已经成为少儿出版重要的经济带动力量，数字媒介环境已经深入到了少儿生活的方方面面，数字化阅读也逐渐成为少儿阅读的重要阅读方式，并深刻影响着读者的阅读方式与阅读文化建构，并在一定程度上消解了少儿受众的传统阅读文化。作为面向少儿读者的出版单位，少儿图书社在享受着数字化转型带来的市场利益的同时，也必然会遭受来自数字时代的考验；同时，图像叙事的强势流行，使得"读图时代"宣告来临，图像日益成为传递文化资源的主要媒介，并配合数字产品的广泛运用，改变了当代儿童的思维习惯、阅读习惯和阅读兴趣，并建构了新的儿童阅读文化，同时，也给当代童书出版提出了新要求，带来新课题。

所谓数字化阅读，即是指"人们通过网络在线、平板电脑、智能手机、电子阅读器等终端阅读设备来获取包括文本在内的多种媒体合成的信息和知识的一种超文本阅读行为"①。商品经济时代催生了众多面向少儿的数字阅读产品，比如有声读物、AR/VR童书、儿童网络社区等，这些数字产品相较于传统的纸质阅读，拥有巨大的优势。它们能够形象直观地展示色彩多样的图像与视频，并且能够调动受众的视听说等感官，运用多媒体符号强化受众的阅读体验；同时，阅读内容非常丰富，且便于保存、携带、阅读，受众使用一部手机或者平板便能拥有属于自己的"数字图书馆"，并且随时随地可以切换阅读内容，带来全新的阅读观感。

进入21世纪以来，数字产品迅猛发展，带来了海量信息。信息即权利，这种权利分享以群体为基础，通过传递群体价值和规范，体现群体整个偏好。成长于社会主义建设新时期的"00后""10后"群体，一出生便享受到了数字化时代的巨大便利，因此也不可避免地形成了数字时代的思维习惯和阅读习惯，在阅读上形成了新的群体偏好，给当代童书出版带来了新要求。

一方面，数字化时代带来的信息爆炸，使得童书资源非常丰

---

① 吴瑶：《儿童数字阅读变革与反思》，《中国出版》2016年第2期。

富，增加了受众的阅读选择，但同时也使得童书出版场域在市场导向下出现了消费主义的文化体征。所谓消费主义文化，学者鲍德里亚作了详细的论述，他认为当代社会已经迈进"消费社会"的阶段，人们受到了"物"的包围，可用来消费的物品范围无限扩大，并影响到了人们对于生活的感知，将物品更换的节奏视为生活节奏变化的主要表征。消费社会对童书出版的影响显然是巨大的，当前童书出版的市场规模相当巨大，出版商一方面制造育儿焦虑，刻意强调社会竞争，"高分出人才""一出生便竞争"等观念在社会中非常流行，一部分家长深感认同；一方面出版商又引导消费，盲目扩大出版品类和规模，无限满足消费者的童书消费欲望，迎合消费者的购买行为。一些家长不顾孩子的身心成长特点，遇到好书就买，生怕孩子落后，在这一购买过程中，消费者无疑是被消费社会的氛围引导了消费行为，他的出发点不再仅仅是取得商品的价值与服务，而增添了制造差异（希冀自家孩子更好更优秀）等主观诉求。正如鲍德里亚所说，"消费社会也是进行消费培训、进行面向消费的社会驯化的社会，也就是与新型生产力的出现以及一种生产力高度发达的经济体系的垄断性调整相适应的一种新的特定社会化模式"[①]。以此观之，这种消费主义文化促使童书出版企业越发地解构原属于高雅行为的"文学阅读"，转而强调童书阅读的"消费"与"普及"，在童书出版规模的粗暴扩张中，越发形成不考虑儿童文学深度而追求儿童文学铺开程度的出版倾向。

另一方面，数字时代形成的"浅层化""平面化""愉悦化"

---

① ［法］让·鲍德里亚：《消费社会》，刘成富、全志钢译，南京大学出版社2000年版，第63页。

的阅读文化,一定程度上是对传统阅读文化的反叛。在媒介大融合的大背景下,传统童书出版产业正在加速转型,数字媒体技术不断运用于童书出版领域,日益影响当代童书的出版格局,一系列数字图书产品应运而生,成为当下最流行的文化现象之一,在出版内容、出版方式、传媒载体、使用消费等层面,当代童书出版都不可避免地出现了数字转向。在这种数字技术与童书出版的深度融合中,虽然增加了童书产品的新形式,扩展了童书的产品内涵,但同时也给少儿阅读带来了浅层化、碎片化、猎奇化的阅读倾向,给童书出版增添了新的课题。一些少儿受众在数字出版的文化影响下,对严肃的、要求延续阅读的文学作品出现了排斥现象,热衷于阅读可视化的、轻松愉悦的儿童作品,有些童书出版单位以市场利益为准则,未能处理好经济利益与社会责任的关系,一味投其所好,童书阅读文化有日益异化成一种娱乐化消费行为的风险,而童书出版则可能异化成一场以市场为导向的资本狂欢。同时,数字技术的特点使得少儿阅读以观看图像、视频为主,且阅读内容可随时切换,只需点击屏幕便可进入下一个阅读,极易使少儿受众养成"浅阅读"的阅读习惯,停留在文本的层面,并且浅尝辄止,点到即止,将大量时间浪费在寻找下一个阅读目标上面,长此以往,对少儿的思维养成、行为习惯或有不可逆的影响。

图像转向的进程与上文提到的数字化时代的到来是一脉相承的。得益于信息化时代的兴起,数字编码技术不断提高,大量的图像被生产、运用,图像代表了事件真实,图像叙事成为主流叙事手段,标志着人类进入"景观社会"。图像的流行与它契合时代发展的自身特点息息相关,传统的语言叙事属于"不在场"的可说性符号叙事，图像叙事则是一种"在场"的可视化叙事，它联系着视觉功能，共同构建了图像观看的巨大魅力。图像文化不仅改变了儿童文学的呈现形态，改变了受众的阅读习惯和阅读心理，也在不断冲击着中国童书出版，带来新形势和新问题。

一方面是对儿童受众阅读思维的改变上。图像景观是一种直观性的符号叙事，以最为直接的方式表达故事情节，随着图像景观不断深入儿童文学，童书出版单位日益重视图像在儿童文学中的运用，以AR童书为例，它往往结合数字技术，受众通过扫码能够获取视觉图像来辅助阅读，比如在一些恐龙科普图书中，儿童用手机扫描二维码便能在手机中看到栩栩如生的恐龙形象，这样的技术手段出发点是强化图像的叙事效果，提高儿童认知，但同时我们也看到，类似这种富有表现力的童书也在悄然改变受众的阅读思维。学者海尔斯提出"过度注意力"和"超级注意力"概念，"过度注意力是传统的人文研究认知模式，特点是注意力长时间集中于单一目标之上，其间忽视外界刺激，偏好单一信息流动，在维持聚焦时间上表现出高度忍耐力。超级注意力的特点是焦点在多个任务间不停跳转，偏好多重信息流动，追求强刺激水平，对单调沉闷的忍耐性极低"[①]。如果说，传统的少儿阅读方式是捧起一本书，坐在书桌前阅读一下午，深入一个故事语境，边阅读边思索，收获的是一种"沉浸式阅读"体验，那么现代的阅读方式是对过去"沉浸式"阅读的一种解构，更多的是儿童使用平板电脑或者手机熟练地翻页，快速阅读着信息或图像，甚至是经常切换网页，进入另一个故事场景。这种阅读模式强调的是

---

① [美]凯瑟琳·海尔斯：《过度注意力与深度注意力》，杨建国译，《文化研究》第19辑，社会科学文献出版社2014年版，第4—5页。

浏览，对应的是"超级注意力"认知模式，它希冀最大限度地获取信息，追求信息的广度，通过获取图像的方式轻易感知到信息，越少使用传统文字阅读用到的提炼、加工等深层思维，长此以往，对于尚处于性格养成期的少年儿童来说，容易促使他们形成以浅层思考、感性思考为主的思维认知模式。因此，我们既要适应时代，看到图像在童书出版中的强大作用，也不能忽视文字之于文本的重要意义。

另一方面，图像景观给童书出版带来了娱乐化的功利导向。詹姆逊在著作《晚期资本主义的文化逻辑》中对工业社会的文化传媒事业做了批判，他认为当代传媒一定程度上造就了"追求感官刺激、娱乐至死"①的社会潮流。当图像景观全面来临，一些新兴的网络事物开始结合童书出版走向公众视野，例如目前非常火爆的网游童书。网游童书兴起于2010年，这一年配合儿童游戏"赛尔号"出版的五本以游戏为展现内容的主题童书"杀"进了年度少儿畅销书榜单，令出版商嗅到了商机。此后，与儿童网游产业合作开发儿童网游衍生类童书成为童书出版社的新动向。随着网游产业和出版产业的深度融合，一条新的童书产业链诞生了。网络游戏公司授权游戏品牌，出版社结合游戏负责出版内容，民营公司作为再创意加工和渠道建设方，逐渐形成了紧密合作、分工明确的网游童书生产体系。随着儿童网游的兴起，网游童书市场也多点开花，作品频出，例如江苏凤凰文艺出版社出版的《洛克王国魔法侦探3》、中国少年儿童新闻出版总社出版的《植物大战僵尸武器秘密故事1》等，都获得了良好的市场业绩。

---

① ［美］詹姆逊：《晚期资本主义的文化逻辑》，陈清侨译介，生活·读书·新知三联书店1997年版，第398页。

网游童书的火爆正是当下童书出版娱乐化的具体表征，也与图像景观的盛行脱不开干系。网游童书主要的品类是游戏主题书、游戏图画书，涉及游戏故事改编、游戏攻略等内容，本身即充满了娱乐性，沉浸在网游童书的孩子容易忽视群体活动和体育锻炼，不利于他们的全面发展，而且有可能助长儿童玩游戏的兴趣，导致儿童染上网瘾；同时，网游童书的流行容易在少年儿童中形成一种"亚文化圈"，不看此类童书的孩子将难以和同伴找到话题，将诱使更多的孩子阅读网游童书来获得身份认同。网游作为一种以娱乐性为本质特征的文化产品，它与童书的结合便容易使阅读行为嬗变为一种流行的休闲娱乐行为，因此，出版社必须平衡儿童文学价值坚守与儿童网游渗透的关系，必须思考面对汹涌而来的网游童书该如何保证独立的文学品质不被异化这一重要课题。

第四节　全球化语境下的出版逆境

童书为中西方的文化交流搭建了一座桥梁。在这个强调观念多元、竞争激烈的细分市场里，全球化语境是行业必须要尊重的运行逻辑，东西方文化的融合与碰撞，在童书市场也是司空见惯的现象。尤其是在近二十年来，不断加速的经济全球化深刻影响着童书市场的运行，不管是童书的引进到翻译输出，还是两种文化语境中的作者联合创作，都生动地反映出全球化价值观的烙印。在全球化语境中的童书出版表现为出版资源的全球化、竞争的全球化以及生产的全球化，这种全球化趋势不仅可以深化同国际童书出版机构的交流，也为中国童书走进国际视野提供契机，但同时也使其面临着国内国外两个市场的双重挑战。

一方面，全球化语境带来的价值多元一定程度上冲击着国内童书出版，尤其是在引进童书版权充斥国内市场的背景下，这种现状已经引起业内思考。以2016年的数据为例，该年我国童书版权引进量竟占全国图书引进总量的76%，反观美国，每年引进童书的比例基本保持在5%以下。引进童书一般是基于西方价值观的创作，尤其是在西方一些国家长期以西方式"民主"等幌子对中国进行价值冲击的当下，如此体量的童书涌入必然会带来管控的松懈，一些别有用心的劣质童书混进国内也难以避免了。种类繁多、价值混乱的引进童书增加了维护国家文化安全的难度，尤其是对于三观尚未定型、思想可塑性强的少年儿童来说，一旦接触到与社会主义核心价值观相冲突的童书作品，极易受到影响，产生思想动荡，给我国少儿的思想教育增添难度。

一个国家的瓦解，往往是从思想领域开始的。价值观多元带来的思想动荡导致社会动乱的例子在世界历史上屡见不鲜。例如2010年席卷中东、北非等地的"阿拉伯之春"，在外界势力的干扰下，由一场以"民主"和"民生"等诉求为主题的社会运动迅速演变为局部动乱和局部战争，这其中不乏西方国家"颜色革命"的推波助澜。十年过去了，这场政治飓风没有带来民主和自由，反而造成了100多万人的伤亡、9000亿元的经济损失，1500万人流离失所，沦为难民。由此观之，思想动乱的风险是非常巨大的，一旦有一个社会矛盾作为导火线，加上外部势力的操作干扰，将有可能给国家带来实质性的灾难。作为社会主义国家，更要时时提防来自西方普世价值伪装下的思想入侵。

面对上述风险，国内童书出版单位应该认识到职责所在。童书是给少年儿童读者打精神底色的精神食粮,社会主义制度背景下的童书出版更应该承担着少儿思想价值引领及政治思想启蒙的使命担当。毫无疑问,基于我国的社会制度,我国童书出版事业必须是在社会主义核心价值观引领下的文化事业。2015年,国家印发《关于推动国有文化企业把社会效益放在首位、实现社会效益和经济效益相统一的指导意见》,对于中国童书出版实践有重要指导意义。该文件强调了文化企业的重要使命,指出必须始终坚持把社会效益放在首位、实现社会效益和经济效益相统一的原则。具体到童书出版实践,就是在社会主义核心价值观的引领下,正确把握童书出版方向,及时扭转已经出现的错误倾向。正如中国少年儿童新闻出版总社社长孙柱所说,国内童书出版单位要"把最大限度满足全国少儿读者的阅读需求和落实党的出版方针政策有机结合作为最大课题,解决好读者日益增长的阅读需要和不平衡不充分的出版工作实际之间的矛盾"。培养少儿良好精神风貌,构建少儿民族秉性,建设优秀童年文化、化育民族心灵结构,是儿童文学创作和出版的社会责任体现。以此观之,大力发展原创童书,创新社会主义核心价值观的融入机制,在少儿读本中体现中国价值、中国话语,并且宏观控制引进童书书号,是全球化背景下保持文化多样性、保护本国童书出版产业的必要之举。同时,宏观控制并不是关上童书出版交流的大门,文化竞争的趋势不会变,中国保持开放的心态不会变,变的只是我国日益增长的童书出版管理水平。

2020年伊始,全球多地暴发新型冠状肺炎疫情,截止到7月,全球1300万人感染,波及大部分国家。不仅使全球经济形势陷入停滞,更引起了一系列社会动荡局面,社会思潮涌动,国际形势复杂。以美国为代表的主要资本主义国家对新型冠状肺炎认识不足，又在人民利益和经济利益的取舍中摇摆不定，疏于防控，抗疫不力，导致国内疫情肆虐，民心恐慌。反观中国，作为最早遭受疫情入侵的国家，采取了一系列强有力的管控措施隔绝感染路径，重视人民利益，克服医疗困难，目前已经初步控制了疫情；同时，在抗疫过程中涌现了一批批身先士卒、敢于牺牲的一线医务人员，为疫情的防控作出重大贡献。两相比较之下，社会主义制度优势、中国执政党始终坚守人民利益的执政操守、中国抗疫的精神风貌都体现得淋漓尽致，这是非常生动的童书教材，如果能够用儿童易于接受的视角和语言讲好中国抗疫故事，将有力地强化社会主义核心价值观在少儿受众心中的认同。中国少年儿童新闻出版总社的一系列出版行为就值得同行借鉴，该社面向少儿相继出版了《给孩子的战"疫"漫画》《新型冠状病毒走啦》等童书，取得了良好的社会反响，其中《新型冠状病毒走啦》入选国际儿童读物联盟（IBBY）发起的"抗疫童书全球互译"项目，并被翻译成22种语言在24个国家和地区发行，这不仅是一次化危机为商机的优秀商业操作，更是中国文化、中国制度的强势输出，它向世界展示了中国的制度自信、文化自信。上述中少总社的出版行为给业界带来了启示，出版工作要追求艺术性和引导性协同的原则，要敢于输出"中国标准"的童书作品，争取在世界出版舞台上获得更多的话语权。

另一方面，是全球化背景下"中国故事"的表达困境。习近平总书记指出，讲好中国故事，传播好中国声音，向世界展现真实、立体、全面的中国，是宣传思想战线的重要使命任务。具体到童书出版实践，即是通过国内原创的儿童文学读本，持续向海外进行版权输出,从而达到宣扬中国文化、中华民族精神的目的,向世界展现一个充满活力、自信强盛的大国形象。随着全球化的进程不断深化,市场边界被突破,中国童书出版面对的不仅是国内近4亿少儿,还指向全球十几亿的儿童,这些都是"中国故事"的潜在受众。经过四十余年的现代化发展,中国童书出版已经积累了丰富的自主知识产权、版权资源及行业经验,为原创"中国故事"走向世界舞台提供了条件,"走出去"成为中国童书出版的常态化操作,然而我们必须看到,由于中西方文化、教育理念以及行业成熟度的差距,中国童书走向海外主流资本主义国家的出版成绩还不够理想,在国际出版市场的话语权还不够,尤其是欧美国家,很难接受我国的童书文化输出。

中国故事的表达困境,折射的是国家文化软实力的不足。文化软实力的概念是由美国政治学家约瑟夫奈提出的,指的是一个国家或地区的民族精神产品的吸引力和感染力,其主要包括文化的吸引力和文化感染力,以及对外政策、意识形态与政治价值观的吸引力等①。当前以英语、法语等西方语言为代表的语言文化在国际文化交流中占据着强势地位,在童书的国际化交流中,版权引进和输出的数量,直接反映出一个国家文化的繁荣程度及世界认可度,它所呈现的文化属性远远超出了经济属性。从目前来看,中国文化在国际上的话语体系建构还有很长一段路要走,英语文化等西方主流话语价值文化占据国际文化交流中心地位的现状暂时还不会改变。同时,西方世界自近代以来长期占据世界主流话语权,对西方文化抱有强大自信,"西方文化中心论"的社

---

① 白绍武:《怎样理解和增强文化软实力》,《辽宁行政学院学报》2008年第10期。

会思想已经根深蒂固，作用到童书出版场域，自然会形成一种"排他性"倾向，加大了中国童书进入的难度。从这一维度来说，中国童书出版事业不仅要实现自身的文化底蕴的突破，更要依托国家，在实践中配合国家"走出去"的发展战略，让国外市场去检测中国童书的影响力和传播力，让国外小读者去检验中国童书的文化底蕴。

在中国故事的表达方式上，中国童书也需要针对不足进行改进。一本原创童书要讲好中国故事，并被国际接受，必须要在坚持中国文化内核的基础上运用国际化表达。所谓"国际表达"，就是挖掘本国故事中的"国际性"，找到中外文化的情感共通点，创新性地表达中国文化，使得作品中的思想情感能够跨越国界、语言的限制，真正在中外读者中产生共鸣。从中国童书出版单位的角度来说，书写中国故事的童书题材主要集中在中国童话故事、神话传说、古典文化等经典要素，如何对这些经典故事进行合理的艺术想象和再加工，是中国故事的国际表达能否成功的关键。中国故事的国际表达不是简单地堆砌中国文化符号，它一定有一个再创造的转化过程，是基于本土文化的内核，发挥主观能动性使之适用于国际语境之中。例如中国大百科全书出版社出版的《故宫里的大怪兽》，这本原创童话书讲述的是一个小女孩在故宫捡到耳环，因此能够听到故宫里怪兽的交谈，并亲历了诸多冒险的童话故事。作者翻阅了诸多关于故宫的典籍，结合了古典神话书《山海经》《搜神记》的创意素材，采用西方儿童较为喜欢的冒险文化来打造故事基本框架，以充满童趣的怪兽视角讲述了中国传统文化的深厚内涵，作品展现了独特的中国文化素材，加上作者非凡的创作想象、弘扬真善美的价值观，在中外读者中都引起了强烈共鸣,该书的版权输出至十余个国家和地区。这样的童书出版实践给业界带来了有利的启示:传统文化要运用当代表达路径,才能焕发强劲的生命力。好的中国故事的表达路径,不是生硬地、机械地输出传统文化,而是会巧妙对标国外受众的审美,进行创造性转化和加工,在无形中完成中国文化的弘扬,达到润物细无声的宣传效果。

第四章　童书出版困境的原因

任何一个问题的出现，任何一种困境的形成，其原因都不可能是孤立而浅显的，往往都是复杂而深刻的。回顾童书出版的发展历程和现实情况，不难发现，伴随着童书出版数字化趋势愈演愈烈，童书出版面临的困境也日渐复杂。无论是对图书媒介形式的全面颠覆，还是对整个图书出版行业的强势冲击，抑或是对儿童阅读文化的核心价值观重构，都揭示出了一个重要现实：童书出版问题早已不再是局限于单一文化领域的问题，而是成为文化领域和社会领域的复杂问题结合体。基于此，造成童书出版困境的深层原因有了亟待考察的意义，且尤为需要从文化和社会的双重维度上来展开分析。进一步来看，造成童书出版困境的原因主要包括消费时代的拜物主义、数字时代的读图误区、良性阅读文化的遮蔽等。

第一节　消费时代的拜物主义

伴随着物质文明的高度发展，无处不在的商品文化渗透在社会领域的各个方面，消费主义的商品经济也成为社会经济的主体力量，我们无疑进入了一个消费时代。消费时代的到来，不仅意味着商品经济的高度繁荣，更意味着人与商品的关系，或者说是人类与劳动对象之间的关系，发生了话语权的转移。马克思指出"人使自己为了物的目的而与物联系在了一起"①，卢卡奇也直言："人与人之间的关系表现为一种物的特征"②，这意味着人与物之间的关系成为抽象的"物统治人"的关系，人对于物的追求崇拜也成为主流趋势，拜物主义也成为消费时代的内在文化逻辑。由此，商品拜物教成为消费时代的典型特征，童书出版行业毫不意外地呈现出了这一特征。从出版主体、创作主体到接受主体，童书出版各个环节的参与者们几乎都存在显而易见的拜物主义倾向和商品主义逻辑，童书出版生态圈的博弈形势愈加严峻，这无疑是造成当下图书出版困境的重要原因之一。

一 出版主体：童书出版的市场主导化

回顾童书出版的发展历程，童书经历了从文化产品到文化商品的转变。中国人关于童书概念的启蒙是从新文化运动中周作人先生提出"发现儿童"开始的，这是中国历史上首次将儿童作为主体而提出的口号。但是，囿于当时社会动荡和物质匮乏的背景，生存问题已然成为人们的首要问题，儿童的思想教育问题在彼时只能作为人们生活的极小一部分。这样一来，童书只能作为图书行业份额极小的一部分而存在，并未引起太高的关注度。到

---

① 马克思：《1844年经济学—哲学手稿》，中共中央马克思恩格斯列宁斯大林著作编译局编译，人民出版社2000年版，第86页。
② [匈]卢卡奇：《历史与阶级意识》，杜章智译，商务印书馆1992年版，第147—148页。

了20世纪五六十年代，中国各行各业百废待兴，傅抱石、林风眠、程十发等一批早期图画童书作家涌现，他们的童书插画创作大量汲取了中国传统的绘画、壁画、版画等艺术风格，以工笔重彩水墨画为主的童书创作一度成为主流。在这样的语境下，童书一直是作为文化产品而存在的，其商业价值尚未成为童书出版的决定性因素。但是，随着七八十年代商品经济大潮的到来，中国人的基本物质生活得到了极大的满足与丰富，更多人愿意将精力投入到儿童教育上，越来越多的人由此看到了童书出版所蕴藏的巨大商机。尤其是到了90年代之后，整个出版界开始了对童书出版的完全接纳与重视，不但完成了对诸多原创童书的编辑再版和改编输出，还引进了大量国外优秀童书，童书出版在整个图书出版市场占据了重要份额。在这里，出版界对于童书的重视，已然不再是基于其对儿童教育的重要意义，而是基于其所能带来的商业价值。

  伴随着童书完成从文化产品到文化商品的转型，童书的人文价值本位转变为了商业价值本位，市场导向原则成为童书出版的首要原则，"创利"成为出版主体的最大追求。对于出版主体而言，依靠市场化运作，最大限度地发掘童书出版的商业价值和产业功能，成为童书出版生存的必然。基于这样的背景，商品拜物教不可避免地成为影响图书出版的主导性因素，并具体体现在对童书出版的价值取向、资本运作、营销宣传和审美适应性改变等方面所造成的影响上。

  一方面，商品拜物教导致童书出版主体的价值取向要以"创利"为主，出版主体的自主决定权会被限制。出版主体在甄选出版对象时，要服务于市场需求和商业需求，准确地判断出童书的创利空间。这样一来，出版物多是出于迎合消费者的喜好去选择，而非是出于纯粹的审美教育功能去选择，出版主体还会对童书内容形式等进行审美适应性的调整，其最终目的都是获取利润。至于童书其余的价值需求，尤其是作为一种文化产品的审美追求，都可以让位于这一目的。童书的商品属性得到最大程度的开发利用，而童书形而上层面的文化教育属性极有可能被悬置。在这种情况下，整个童书出版行业的话语权本质上都是由童书的商品价值所决定的，出版主体的主观能动性也要以此为发挥前提。而童书畅销与童书质量并不必然成正比，那么出版主体在取舍出版物时，基于行业求生的本性，其自主决定权也要受制于商业逻辑。同时，出版主体甚至可以完全绕开童书本身，仅依靠资本和策略就能实现童书的销售，从而遮蔽了对童书自身的品质要求。当童书出版行业为了最大限度地实现追逐利润的目的，仅依赖资本的力量和技术层面的营销策略，就可以创造"畅销书"时，童书本身的审美价值和人文价值最终都会被商品逻辑所宰制，这是造成原创性童书品质下降和无法持续性畅销的重要原因之一。

另一方面，商品拜物教导致童书出版行业市场化程度大幅提升，整个童书出版行业由此形成了一种价值链，对市场的依赖性与日俱增，市场无规则竞争和垄断限制竞争现象等都是由此滋生的负面问题。当童书的审美价值和教育功能被遮蔽，仅靠幕后的资本推动和商业策略鼓吹宣传就可以实现创造畅销书的目的时，童书出版对市场的依赖性达到了峰值。这样一来，市场经济下的童书出版行业便要遵循市场规律，并接受市场调控所带来的可能性局限。换言之，童书既被赋予了作为文化产品的"产业功能"，成为拉动国民经济发展的有生力量和刺激文化消费的新增长点，又要承担市场经济带来的风险，诸如大型童书出版公司的行业强势垄断、外来图书的市场竞争、童书知识产权归属的霸王条款、童书品牌的山寨仿冒、畅销童书的盗版印刷等问题。显然，对于出版主体而言，童书市场的竞争日趋规模化和常态化，那么童书的出版必然要将经济效益和商业逻辑作为重点考虑因素，甚至是作为决定性因素。

事实上，童书作为面向儿童的精神文化产品，肩负着儿童启蒙和教化工具的使命，本应始终将社会效益或者是公益性追求放在首要位置的。但是随着商品经济时代的来临，商品拜物教一度成为社会主流话语逻辑，文化产品受到的影响尤甚。在市场化的大潮之下，童书出版的经济效益已然取代了社会效益的首要地位，出版主体的社会责任感逐渐开始让步于消费主义的市场需求。那些本应掌握出版行业的话语权的出版主体，其自身作为主体的自主性一再受制于商品逻辑，话语主导权被变相褫夺，只能努力寻求童书商业价值与人文审美价值统一的平衡点，寻求一种与商品逻辑和解的解决方案。但在现实情况中，能够真正寻得这种平衡和方案的难度颇大，并非一蹴而就的，出版主体的被动和无奈由此可见一斑。而当出版主体无法完全自主决定童书出版的形式、内容等相关事宜时，显示出拜物主义的价值取向时，那么童书的社会效益和人文价值都无法得到原本该有的重视，自然而然地会引发一系列的困境。言而总之，商业文化逻辑虽然能够刺激童书行业的发展，尤其是将优胜劣汰的市场竞争原则发挥得淋漓尽致，但也确实由此对图书出版主体造成了诸多困扰，继而造成了整个童书出版行业的诸多问题。

二 创作主体：童书内容的符号表达化

伴随着童书出版市场竞争的常态化，尤其是外国童书的大量涌入，造成了国内童书出版市场压力倍增，越来越多的创作者和出版人将目光投向了中国原创童书的民族化生产。这种出发点是极具前瞻性的，以传统的中国审美旨趣作为打开儿童启蒙之门的钥匙，同时保证了童书的原创性和独特性，使其作为占领童书出版市场的有力武器。这种民族化童书生产的想法一度成为童书出版界的主流意识，中国传统的民间故事、神话传说、名著作品等都成为童书创作的体裁和题材来源，把中国化符号放进童书成为童书创作的潮流和常规操作。但是，并非所有的民族化题材都适合改编为童书出版，并非简单移植中国符号就能够实现童书真正意义上的原创性。

为了实现所谓的民族化和原创性创作，中国原创民族化童书最为常见的做法有两种：一种是取材于中国传统民间故事和神话传说等，在文本创作中改编这些传统民间故事；另一种则是在文本中直接加入传统民族文化元素，创作者们尤其擅长将那些民族文化落实在一些具体符号化物象上，如皮影、剪纸、国画、京剧等①。在这里，这些中国特有的故事题材、文化形式和文化元素确实丰富了童书创作内容，但是也凸显出了创作主体的拜物主义倾向：他们崇拜传统民间故事，但很少考虑这些故事是否适合改编为童书出版；他们崇拜传统文化物象，但不介意呈现出来的物象到底能不能代表传统文化的精髓。在他们的创作视野中，这

---

① 谈凤霞：《突围与束缚：中国本土图画书的民族化道路——国际视野中熊亮等的绘本创作论》，《南京师范大学学报》2012年第3期。

些符号化的故事和物象就是民族文化的化身，再加上对儿童认知有限性的理解，他们认为无须过多贯穿内涵性的文化底蕴。似乎一旦在作品中加入这些元素，就足以打着弘扬民族文化的幌子营销宣传，更可以彰显出其创作的民族性和独特性。

但是，童书作为儿童文学作品，在本质上的定义是"通过艺术的形象化的审美愉悦来陶冶和优化儿童的精神世界，形成人之为人的那些最基础、最根本的价值观、人生观、道德观、审美观，夯实人性的基础，塑造未来民族性格"。① 也就是说，童书创作的本质目的在于培育儿童的思维方式、认知习惯和思想观念。如果童书创作仅仅是简单移植传统文化符号，而非将传统文化精髓融入和浸润到内容创作当中去，是无法从根本上实现童书的创作目的的。而且，我们必须要深入理解童书的民族化生产内涵，不是简单的汲取传统创作技法和表现形式就能够实现"中国化"的，真正体现民族文化本质的是渗透在文本字里行间的思维方式、审美取向和文化底蕴。那些创作主体在拜物主义影响下原样照搬的民间故事、符号物象，可以说是缺了灵魂的外壳，很难真正受到读者的接受和欢迎。如二十一世纪出版社 2010 年出版的《中国绘》系列丛书，囊括了梅子涵、萧袤、谭旭东、黄庆云等一大批知名儿童文学作家，并邀请了"中国儿童画十大家之一"的梁培龙主笔绘画，是一套典型的中国水墨、民俗画绘本。但正是这样一套大家云集、旨在彰显中国文化特色的绘本丛书，恰恰揭示出了创作主体在进行民族化童书创作时的问题所在。画面单调平庸，手法简单粗糙，并未真正融会贯通中国式审美，

---

① 王泉根：《高扬儿童文学"以善为美"的美学旗帜》，《中国儿童文学》2004 年第 3 期。

除了所谓的中国水墨和民俗元素，看不出任何中国文化的审美底蕴，甚至有读者犀利地指出"屡次出现的单幅化小鸟姿势、画法竟然都是一模一样的，近乎复制……"①。这样的作品只能说是简单移植了文化符号，而非真正的民族化童书创作，不仅无法丰富儿童的阅读视野，还会扼杀儿童对于民族文化的审美想象和创造性思维。

《中国绘》系列之一　　　　　　《进城》封面图

更重要的是，这种童书内容的符号化处理，还存在与时代脱节的局限性和与世界脱节的可能性。一方面，当创作者过于拘泥于中国传统原创的艺术表现形式和手法，并试图改编古老的故事题材来吸引读者时，往往就会限制童书绘本的时代风格，给读者造成陈旧过时的阅读感受和年代隔阂的阅读障碍，就像早期那些黑白写意风格的绘本、剪纸年画式的插图绘本和改编《红楼梦》《三国演义》故事的绘本等。另一方面，当创作主体过于强调中

---

① https://book.douban.com/subject/5275401/，2020年5月20日。

国式的民间审美趣味时，将皮影、京剧、国画等中国物象和中国传统故事中的形象融入童书创作中时，无疑也为外国读者设置了阅读门槛，让他们去理解其中的中国审美旨趣和内涵寓意相当困难，这也增加了中国童书走向世界的困难。以 2010 年明天出版社出版的《进城》为例，以一种黑白剪影风格来体现中国传统写意审美旨趣，在推进故事情节时引入了多个中国传统故事中的形象，内容饱满，寓意丰富。但是，对于大多数中国儿童而言，想要读懂其中的复杂内涵就颇为困难了，更别说那些没有文化背景和文化语境的外国读者了，因而这类童书往往十分缺乏吸引力。

　　这里牵涉到了创作主体对于中国元素的处理问题，牵涉到对于中国式审美的真正理解和对于儿童阅读接受能力的理性评估。但无论如何，过于崇拜中国元素的物象"符号"而忽视真正的审美表达，是中国大多数原创性童书普遍存在的痛处。基于上述引证，我们完全可以理解中国原创性童书在进行民族化生产时的问题：符号化与本质化的纠结，民族性与世界性的隔阂，传统性与现代性的脱节。不管是童书创作主体生硬式的"符号化"简单移植，还是陈旧晦涩的内容呈现，几乎都是创作主体对传统文化元素过度崇拜的后果，也是一种拜物主义的逻辑。我们可以理解创作主体面对激烈市场竞争寻求原创性的初衷和努力，但是更要反思创作过程当中存在的符号化问题，因为这是影响中国童书走向世界的重要障碍之一。

三　接受主体：社会分层的知沟扩大化

　　儿童文学的本体构成既不是单纯的成人（创作主体）世界，也不是单纯的儿童（接受主体）世界，而是两者在儿童文学活动中实现的沟通和融合，是两者熔铸而成的新的艺术实体。① 这一本体构成不仅决定了出版主体和创作主体从根本上是为了接受主体服务的，而且暗示了对于童书这一特殊产品而言，其接受主体从广泛意义上可以分为购买主体和阅读主体，前者是指儿童家长，后者则是指儿童。一方面，作为购买主体的儿童家长，是以一种成人价值取向来选择童书的，他们的拜物主义逻辑体现在试图以一种精英主义教育意识来有意识地标榜阶层分化，选择不同的童书似乎能够拉开不同阶层的儿童教育水平，即将贫富差距和阶层分化通过选择童书来展示出来；另一方面，作为阅读主体的儿童，出于这种精英主义培养意识和模式，被动地接受家长所选择的童书品类，导致儿童群体之间的知识水平差距和知识鸿沟越来越大，最终造成社会分层的知沟再次扩大化。在这样的语境中，阅读主体承担了购买主体的拜物主义逻辑后果，而创作主体和出版主体又要依据购买主体的精英主义需求适时调整童书出版品类。由此，整个童书出版环节参与者都陷入了拜物主义逻辑的藩篱之中。

在消费主义浪潮之下，整个社会最为显而易见的问题是贫富差距的进一步扩大。按照美国著名传播学家蒂奇纳在 1970 年提出的"知沟理论"（Knowledge Gap Theory）假说来看，贫富分化意味着社会经济地位的分化，那么面对不同的大众媒介信息，不同的阶层获取信息的媒介手段、处理信息和接受信息的能力水平都会存在差异，高学历者、高收入者在普遍意义上会比低学历者、低收入者更快更强，那么大众媒介传递的信息越多，高学历者、

---

① 王瑞祥：《儿童文学创作论》，浙江大学出版社 2006 年版，第 9 页。

高收入者与普通大众之间的知识鸿沟就会越大。基于这样的逻辑，阶层分化意味着精英意识与平民意识的分化对立，进而成为知识鸿沟扩大的诱因，而知识鸿沟的渐趋扩大又会反作用于阶层分化，加剧不同阶层的差距，甚至造成阶层固化的现象。这种逻辑体现在儿童教育问题上，则大多是儿童家长们的精英意识和阶层意识作祟，认为在儿童身上投入的教育成本越高，越能体现出阶层的优越感，越能拉开不同阶层的知识鸿沟。具体到童书选择的问题上，他们认为童书选择暗示了自身的品味和培养意识，童书成为他们阶层分化的标志之一，更成为标识精英意识与平民意识的产物，这种所谓的品位追求本质上正是一种商品拜物教产物。

同时，童书也寄托着购买主体对于阅读主体的精英主义期待，因此各个阶层的家长都更愿意追逐旨在进行精英培养的童书类别。这就造成了童书出版行业试图以一种精英主义概念作为营销噱头，来吸引众多购买主体，体现在童书出版策划上则是更倾向于童书的教育性和知识性内容架构，而将童书的趣味性和本真性要求置之脑后。最终的结果是，成人世界的功利主义理想成功主导了儿童世界的本真审美情趣，而且童书出版也极易被"伪精英意识"驱使，沦为功利主义工具，失去人文主义价值关怀。这些恰恰是阻碍童书本真性出版观念革新的重要原因之一，也是童书出版失去自主性意识的表征之一。

对于阅读主体的儿童群体而言，童书是其获取信息的重要媒介载体，也是塑造其价值观和知识视界的重要工具。家长群体的精英主义教育意识，已然将童书作为了阶层区分的标识，从而导致了儿童群体之间的知识鸿沟渐趋扩大。阅读主体之间的知识差距分化，显然会对童书出版提出新的要求和挑战。在这种情境下，以一种多元化出版思维来兼顾各方需求成为童书出版行业的必然选择。作为一种市场适应性调整策略，这种选择是无可厚非的，但是这也为童书出版行业带来了无法规避的风险。多元往往代表着百花齐放、百家争鸣，会有越来越多形式各异、内容多样的童书出现在市场上，不仅造成了阅读对象的目标指向性不明确，难以做到精准的市场定位，而且一些消极的、负面的、暴力的因素极有可能会渗透其中，为儿童提供错误的心理暗示和价值导向。而出版主体为了片面迎合购买主体的成人审美需求，或者说为了追逐经济利益，对于童书的选题和内容过于宽泛和成人化，从而导致童书质量良莠不齐和童书的品类划分模糊不清，这无疑加剧了童书出版行业的危机。可以说，贫富分化造成了成人世界的阶层分化和知识鸿沟，而成人群体自然而来的阶层优越感也渴望体现在对下一代的精英主义教育观念上。儿童群体作为成人群体的继承者，只能被动地接受成人精英主义教育的结果，即儿童阅读群体知识鸿沟差距越来越大。换言之，成人世界的知沟扩大化延续到了儿童世界。由此，儿童群体对于童书品类的要求越来越广泛，童书出版行业由此只能选择多元化出版思维，从而造成了童书出版行业恶性竞争、灰色内容渗透、发展方式粗放等诸多问题。

事实上，出版行业由于主体知识鸿沟扩大化而产生的问题归根究底是童书出版成人化的问题。在整个童书出版环节当中，作为购买主体的家长群体对于童书内容的甄别和选购基本上是一种成人话语视角和成人教育理念，出版主体和创作主体也遵循着成人世界的价值系统，而儿童群体作为阅读主体的自主性很难实现。这样一来，童书出版行业遵循的始终是成人世界的市场规则，儿童对于童书的选择权恍若虚设。儿童的阅读心理与阅读兴趣无法体现在童书这一阅读对象上，这无疑是一种尴尬的局面：作为自身的阅读对象，自身无法选择。而对于那些被动选择的童书，儿童可能很难保持持续的阅读动力和阅读兴趣，因为这类图书往往教育性多于趣味性、哲理性多于故事性，又遑论能够持续性吸引儿童呢？成人与儿童知识结构上的差异是客观存在的，购买主体是最终决定者，创作和出版主体是推波助澜者，阅读主体却是缺席者，这注定了童书出版环节参与者之间的不平衡发展状态。从长远意义上看，这是一种不合理的状态，也是导致童书出版危机的关键性因素。

第二节　数字时代的读图误区

从童书出版的整体历史发展脉络看，中国童书出版大体上经历了连环画时代（1915—1949，萌芽启蒙时期）、图画书时代（1949—1978，形成雏形时期）、图画书改编时代（1978—2002，起步徘徊时期）、数字图书时代（2003年至今，探索发展时期）[①]等。不难发现，考虑到儿童认知和接受事物的独特性，中国童书主要是以图画书为主体的。而且，随着科技的飞速发展，越来越多的技术手段被运用到童书创作当中，童书当中的图像呈现方式也越发多元化。尤其是进入数字图书时代之后，AR（Augmented Reality）童书的出现更是为童书发展带来了质的飞跃，因为这意

---

① 李东来、熊剑锐：《图画书的发展历程对我国原创图画书的启示》，《中国图书评论》2010年第9期。

味着童书还原现实的图像化处理水平进入了新的阶段。这里牵涉到了童书在数字化时代的适应性生存策略,即出版主体旨在运用技术手段实现童书呈现内容的具象化和童书呈现形式的媒介多元化。这种初衷无疑是好的,但科技从来都是一把双刃剑。随着童书出版对于图像表达和技术呈现的过度依赖,新媒介语境下的童书出版衍生出了童书内容去文字化的图像霸权主义、童书形式媒介化的技术性依赖和去深度化的直观具象呈现等一系列的问题,导致儿童或是阅读习惯变化,或是阅读时间减少,或是阅读兴趣转移,最终对整个童书出版行业带来危机。

一 图像符号的霸权陷阱

对于童书出版行业而言,数字化童书出版浪潮的兴起是具有划时代的巨大变革。随着立体书、触摸书、AR童书等新媒介童书的大量出现,数字媒介将技术手段运用到童书内容的呈现当中成为常态化的出版操作。这种操作可以最大限度地将原本抽象、复杂的枯燥知识内容和现实场景进行立体展示和多维呈现,增添童书的交互性、趣味性和多样性,使儿童更容易学习和接受。但是,这也随之带来了数字化的陷阱,成为出版行业数字化转型中的主要问题之一。因为在传统的纸媒时代,囿于纸质图书内容空间的有限性和服务范围的局限性,童书的内容创作和编辑出版很难彻底摆脱文字的说明与辅助。但是数字媒介时代,知识的传达更多的是通过图像呈现,辅以语音讲解即可,基本上实现了去文字化的出版,而去文字化的出版倾向意味着童书出版极有可能陷入图像霸权的陷阱当中。

我们必须承认伴随着各式各样媒介技术发展,童书出版进入了一种图像时代，或者说视觉文化时代。图像作为一种交流载体和传播媒介，具有简单明了、生动具象、对现实还原度高和虚拟性强等优势，而童书的面向对象是心智尚未完全成熟的儿童，恰恰需要利用图像的这些特征，以一种更具体直观的传播方式使得儿童易于接受和乐于接受。而且，从技术发展层面上来看，童书从平面性绘图为主到抽象立体性设计构图为主，再到 AR 智能化童书为主，从印刷媒介到数字媒介，每一次媒介技术的进步都促使越来越多的图像符号参与到童书创作当中。越来越多的图像符号出现，图像符号也越来越具象，虚拟现实的程度也越来越高，意味着童书对文字辅助儿童阅读的功能需求也在逐渐减弱，甚至可以完全取代文字的存在意义，即任何文字意义都可以用图像符号来呈现。这样一来，去文字化趋势成为读图时代童书出版的必然，这是图像取得其霸权地位的基础条件。基于此，童书出版视域中的图像霸权可以理解为：图像符号随着技术媒介的进步，依据自身的优势与影响在童书出版和创作当中居于主导性地位，并逐渐致使童书中文字使用频次减少直至消失的一种现象。

一方面，在社会性阅读的大体系之下，图书的阅读秉持着对社会意义解读的功能，阅读是对社会符号的意义解读，而图书则是阅读的媒介载体。① 毋庸置疑，童书肩负着儿童认识世界、解读世界的重要使命。数字时代的童书中出现的图像符号抽象可以最大程度还原世界现实，打破对时间、空间和地域的各种要求，完美解决了以往童书不够具象化的局限性，彻底改变了儿童认知

---

① 黄若涛：《绘本书的传播功能研究》，博士学位论文，中国传媒大学，2006 年，第 82 页。

世界的方式。诚然，文字信息的既定意义往往严谨枯燥，不如图像符号的不确定性意义来得具体可感和引人入胜，但是一旦童书成为缺乏文字意义交流的纯粹图像呈现，对于儿童来说，也并非全然是好事。

对于儿童而言，数字童书通过数字化的虚拟手段，还原仿真度极高的现实场景，所有的事物变得立体可感，他们的感知系统很容易沉浸当中，尤其是视觉系统最易产生沉浸感。如此，儿童认识世界的方式开始了以视觉获取信息为主，对于形象思维的认同度大幅提升，但也导致了适龄儿童对于文字阅读体验的排斥。如果上升到文化认同层面上，无疑会削弱儿童汉语理解和汉字认知的基本能力，进而影响到他们对于传统汉字文化的认同。当越来越多的儿童沉浸在追求数字童书的视觉感官呈现效果之后，图像符号成为童书创作的内容主体，阅读图像符号成为儿童新的阅读习惯和认知世界的新方式。

表4-1　　　　　　　　文字符号与视觉符号比较①

符号 项目	文字符号	图像符号
符号性质	抽象符号	具象符号
信息体现	线性	非线性
传播模式	静态	动态
信息本质	可理解的思想	可见的思想
解码方式	思维/间接	感官/直接
文化属性	概念/理性	视觉/感性
接收范围	不普遍	普遍

另一方面，图像符号可以作为一种跨越阶层，跨越专业界

---

① 张洁：《全球化语境下的视觉文化传播》，硕士学位论文，南京师范大学，2005年，第4页。

限，甚至跨越国界的"通用语言"来实现文化传播的目的，因而充满了大众传播的可能性和可理解性。在这样的语境下，童书中的图像符号充满了不确定性的和丰富的可联想意义，是儿童发挥自我想象力的有利蓝本，这无疑是童书中图像符号普遍化带来的好处。但是，也正是由于图像符号的不确定性和图像符号主导权的进一步扩大，某些童书出版只能过于追求图像化呈现而缺乏文字的适当性阐释与引导，继而造成儿童眼里图像符号的意义带有强烈的任意性和主观性色彩，最终造成主体的阅读障碍和认知误读。

同时，不同于文字能够依据认知程度来区分成人与儿童的规范性用法，图像符号在信息传达上极易模糊成人世界与儿童世界的界限。儿童往往会依据自身并不足够成熟的有限认知，去理解童书中带有不确定性的图像的内涵，自我理解，自我解读，甚至去自我建构自身的世界观、人生观和价值观。在这种情况下，图像符号独特的信息表达优势和文化霸权地位极有可能成为引导儿童错误认知世界的弊端，儿童用一种先入为主的不成熟逻辑去理解图像符号的内涵意义，再自行阐释建构。况且每个儿童个体都是独特的，每个人的认知经验和理解角度都不相同，那么儿童读者对于图像符号的理解很有可能会与创作主体的意图相左，这就更易造成读图误区。长此以往，阅读主体对于图像符号的误读渐趋常态化，儿童家长相对要付出更多精力去矫正和培育儿童的认知观念，那么原本旨在辅助儿童教育的童书，其存在意义就变得尴尬了。

总之，童书作为图书出版中的特殊类别，因其阅读主体的不成熟性，对于图像符号的依赖性尤甚。科技的迅速发展，加剧了童书出版的图像化进程，这是符合现代化阅读需求的变革。数字童书的出现，为儿童提供了多媒介阅读语境，改变了儿童认识世界的方式，高度还原了现实世界，推动了儿童高效完成认知任务。这是童书出版行业作为一个行业的发展需求，是童书在图书市场参与生存角逐的结果。但是，科技从来都是一把双刃剑。图像符号存在着诸多难以把握和无法界定的标准，对于参与阅读的儿童而言，往往具有潜在的风险。当童书对于图像符号的依赖性与日俱增，就意味着童书的去文字化也在与日俱增，那么由此为儿童带来的读图误区和认知障碍也会逐步增加，这对于童书出版行业的可持续发展绝对不是一个好的信号。

二　内容呈现的过度具象

伴随着AR童书的迅速发展，童书呈现的具象化程度也越来越高。而数字时代童书的具象呈现则是指：利用AR技术独特的三维立体优势，将宇宙太空、复杂机械运作、恐龙世界、神话传说等抽象的知识内容进行直观模拟再现，将这些单纯文字讲述很难理解的内容通过视觉形象呈现出来，从而调动儿童的学习兴趣，迎合他们的感官需求，拉近与其本能欲望的距离。基于此，AR童书常常被认为是数字时代促进儿童思维发展的有利创举，得到了出版主体和购买主体的大量拥趸。但是，当儿童读者习惯于通过直观具象方式来认知世界之后，一系列的问题也纷至沓来。

其一，按照霍尔的说法："读是一种抽象的理性思维活动，它牵涉到一种意义的深度模式，即寻求隐藏在符号（能指）下面的（意义或所指），而看却是一种直观的感性活动，它追求视觉的冲击而非隐含的意义。"① AR童书对于儿童而言，正是一种锻炼儿童观看能力的活动。儿童在观看AR童书时，通过具象化的视觉对象就可以获取相关知识，基本上不需要读书过程中的那种深度的抽象思维去思考，仅依靠感官观看、感性浅层思维就足以实现阅读目的，获得阅读体验。换句话说，数字童书在简化抽象知识内容的同时，削弱了儿童的深度思维能力和抽象理性思考能力。从阅读到观看，从深度理性思维到感性直观感受，儿童只能被动诉诸感性替代阅读。我们好像将世界直接呈现在儿童眼前，儿童也更喜欢采用这种直观具象的视角去理解一切，因为这是一种不费力的认识世界方式，符合人类的本能惰性欲望要求。而且，"早期阅读是儿童接触和运用书面语言的机会，是儿童发展语言和元语言能力的机会，是儿童掌握词汇和文字表征的机会，同时也是儿童发展读写学习能力的倾向态度的机会"②。所以，真正意义上能够使儿童得到成长的阅读，本质上应该是需要调动抽象理性深度思维的阅读，而非流于表面化和空洞化的浅层感性阅读。显然，AR童书正是这样的存在，它虽然以其生动的形式吸引了儿童的好奇心，但是导致儿童的注意力会停留在具象化内容层面，很难引导儿童深入思考知识。同时，过于具象的直观呈现，意味着所有的事物都被仿真出来，儿童的想象力会得到极大的限制，不利于其以后创造力的培养。

  其二，童书具象化程度越高，还原度和仿真度越高，儿童读者就越容易混淆虚拟场景与真实世界。虚拟或增强现实的童书，

---

  ① ［英］斯图亚特·霍尔：《解构"大众"笔记》，戴从容译，参见陆扬、王意选编《大众文化研究》，上海三联书店2001年版，第194页。
  ② ［美］唐娜·威特默、桑德拉·彼得森、玛格丽特·帕尔特：《儿童心理学：0—8岁儿童的成长》，何洁、金心怡、李竺芸译，机械工业出版社2014年版，第174页。

最显著的特征就是现实与虚拟的结合,通过书籍载体和数字媒介工具将虚拟世界叠加到现实场景中,在真实的场景中呈现虚拟影像。而儿童作为低龄群体,心智尚未发育完全,思维以形象思维为主,认知能力有限,理性辨别能力较差,极易沉浸在这种虚实界限不明确的世界中,难以区分虚拟与现实。他们极易把自己看到的童书内容理解为真正的现实存在,任何童书具象呈现出的场景都成为他们理解的"真实",但是"仿真"毕竟不是"真"。一旦他们先入为主地认为世界就是这样子,把童书中看到的拟真化内容放置到现实生活套用,混淆想象与现实存在,对其身心发展都会产生负面影响。由此,数字童书原本吸引儿童的仿真优越性可能会转化为错误引导儿童的虚假性。而购买主体出于对此的担忧,也很难愿意持续购买数字童书,再加上数字童书自身成本耗费较高的缘故,性价比相对较低,这一类童书在市场上竞争性被进一步削弱。

其三,虽然数字童书的具象化程度越来越高,并非意味着童书具象化的技术水平已臻完美,也并非意味着其足以满足多元化的童书创作需求。一般来说,考虑到现有的技术水平和技术成本,市场上大部分的 AR 童书,不可能实现每一页都运用 AR 技术,其 AR 技术应用的页面占比普遍在 10%—25% 之间,如表 4-2 所示。这样的占比从侧面证明了 AR 技术在童书应用中性价比并不高,即 AR 技术目前无法降低自身成本,尚未成熟到能够大规模应用的程度。同时,从 AR 童书出版题材来看(表 4-3 所示),选题大同小异,以科普类童书为主,内容多是百科常识科普、故事绘本填充、动物植物介绍等,AR 具象呈现效果也趋于雷同。这样一来,不管是技术还是内容,AR 童书出版都趋于同质化和单一化。

很多人可能仅仅是出于对 AR 技术的新鲜感和好奇心，从而激发了购买欲和阅读欲，一旦他们习以为常这种传播方式，阅读主体的阅读体验变得单一乏味，购买主体就不再愿意投入过高成本，很多 AR 童书沦为"一次性的体验消费品"。那么，在 AR 技术还不够成熟的基础上，尤其是难以满足数字童书多元化的技术和内容创新需求时，童书的具象化程度越高，意味着童书内容的同质化和单一化概率就越高，童书的可持续发展机会就越小。显然，AR 虚拟技术雷同率较高的情况，不仅对 AR 技术提出了创新的要求，更需要出版者在技术之外去发掘创造性的新吸引点。

表 4-2　　　　　部分典型 AR 童书 AR 效果占比　　　　单位：页

书名	出版社	总页数	AR 页数	占比（%）
《太阳跑出来了》	中信出版社	32	5	15
《动起来吧！人体世界》	人民邮电出版社	45	10	22
《机器人跑出来了》	中信出版社	24	4	16
《AR 知识通天文小百科》	江西美术出版社	134	12	9
《动起来吧！宇宙旅行》	人民邮电出版社	45	10	22
《3DAR 交通小百科》	江西美术出版社	138	10	7
《跟着 Wolly 游世界（伦敦）》	浙江少儿出版社	123	8	6.5

表 4-3　　　国内线上图书销售平台 AR 童书出版规模

（截至 2018 年 9 月）　　　　单位：种

线上平台	AR 童书种类	AR 童书主要类型	科普类 AR 童书
京东网	7300+	科普/百科	5800+
当当网	1877	科普	698
亚马逊	36	科普/自然	9

其四，数字时代的童书依靠技术所带来的便利，实现了童书内容的视觉直观性和呈现具象性，从而完成了儿童图书的数字转

型,但是却缺乏了对阅读主体情感需求的回应。对于儿童群体而言,童书阅读是为了使其加强对于世界的认知,那么儿童的认知回应显然是判断童书优劣的有力标准。所谓"认知回应"是指"阅读主体在心理和情感上的体验,强调的是阅读主体对于图书的第一印象及阅读后的心理和情感上的反馈"①。AR童书在刺激主体的视觉感官时,多是侧重立体画面的呈现效果,以增强儿童的认知印象,但是极少观照到儿童的心理上和情感上的需求和反馈。阅读主体往往沉浸在AR童书具象所带来的视觉冲击效果当中,停留在一种震撼体验当中,无暇进行深入的情感体验和心理反馈。众所周知,儿童时期是个人性格形成的关键时期,获取健全完整的情感体验对于其人格形成至关重要。如果作为其认知启蒙读物的童书仅关注知识的获取与认知,而忽略了其情感需求和心理体验,那么儿童的认知回应只能变得机械而单一。这并不是购买主体愿意看见的,一旦他们觉察到了这一情况,那么这类童书的市场价值应声下跌几乎是必然。

如上所述,囿于年龄和认知经验,儿童读者对于任何事物都保有探寻和认知的好奇心,而具有高度信息承载功能的童书出版物可以弥补这种知识经验的不足,尤其是数字童书这种具象化程度较高的出版物。AR童书在引导儿童主动探索、发展认知、构建知识等方面展示了积极作用,儿童充分享受到了利用科技读物来学习的快乐。②但是,从技术工具到技术玩具,一字之差,便揭示出了数字童书的潜在危机。当AR数字童书以一种强化具象

---

① 杜玮、宁孟涛:《增强现实语境下幼儿读物的用户体验浅析》,《设计》2017年第9期。
② 张建、于爽:《具身认知理论视域下VR/AR图书阅读方式的变革》,《出版发行研究》2017年第7期。

呈现的方式来提升儿童的阅读体验时，掀起了中国童书出版的技术革命，为童书出版行业拓展了广阔的发展空间，但出于对 AR 技术现有水平和儿童身心发展的考量，童书出版的具象化呈现是存在一定负面影响的。童书内容的具象呈现不仅会削弱儿童的深度思维能力，使儿童从理性阅读思维转向感性观看思维，不利于儿童思考能力和想象力的培养，而且其呈现内容趋于同质化和单一化，显然无法实现持续性和创新性发展。基于这样的理解，数字童书的具象呈现既是童书出版行业需要加以拓展的增长点，又是需要加以注意的风险点。我们能做的便是趋利避害，最大限度地实现 AR 技术和童书内容的多元化具象呈现，避免过度具象化对阅读主体造成的种种问题。

三 童书形式的媒介依赖

正如传播学家丹尼斯·麦奎尔所言："真正的传播革命所要求的，不只是信息传播方式的变革，或者受众注意力在不同媒介之间分布上的变迁，其最直接的驱动力，一直是技术。"① 从童书媒介形式的变革来看，出版界欣喜于数字媒介技术为童书出版带来的新机遇，热衷于将数字童书推向了童书出版行业的先锋位置，但是先锋并不意味着就是成功。一般来看，"数字出版产品通过有形或无形的载体承载精神内容，是数字出版商基于数字技术，设计和生产，提供给市场，被人们消费和使用以满足人们某种需求的物品或无形的载体服务"②。按照这一界定，数字童书出

---

① [英] 丹尼斯·麦奎尔：《受众分析》，刘燕南等译，中国人民大学出版社2006年版，第156页。
② 黄孝章等：《数字出版产业发展模式研究》，知识产权出版社2012年版，第73—74页。

版产品的基本属性就是对于媒介载体的依赖性。数字童书作为这种语境下的产物，不仅适应了儿童阅读方式的转变，而且反过来推进了数字媒介载体的发展。尤其是伴随着 AR、VR 等媒介技术的进一步发展，童书在出版形式层面上对于媒介的依赖达到了峰值。但是，这种过度依赖从来都暗含着技术理性对于人的主体性的剥夺，这是随着技术发展而强大起来的工具理性所带有的原罪。具体到数字童书出版问题的分析上，童书形式上对于媒介的过度依赖，不仅会导致阅读主体过度重视技术的娱乐化呈现效果，忽视童书的知识性内容获取，而且会导致阅读主体极易陷入感官沉浸效果，忽视童书个性化阅读体验的获取，甚至还会影响到阅读主体的身心健康，不利于其身体健康和注意力培养，最终对阅读主体的身心发展带来诸多复杂的负面影响。

表 4-4　部分主要儿童出版社数字童书出版产品类型统计

少儿出版社＼数字童书	AR童书	听书产品	点读产品	语音玩具	互动童书	幼教云平台	其他
中国少年儿童出版社	✔	✔	✔	✔	✔		✔
二十一世纪出版社		✔					✔
浙江少年儿童出版社		✔		✔			
长江少年儿童出版社		✔	✔			✔	
安徽少年儿童出版社	✔	✔			✔	✔	

"由于年龄限制和认知经验有限，儿童读者对于任何事物都保持着一种好奇心，而具有高度信息承载功能的图书出版物可以弥补这种经验的不足"①，即"获取信息"是童书之于儿童的基本存在意义与价值。但是，随着童书多媒介形式的迅速发展，童书

---

① 杜玮、宁孟涛：《增强现实语境下幼儿读物的用户体验浅析》，《设计》2017 年第 9 期。

的功能效果变得丰富多样，造成了一些家长和儿童过度关注童书的技术呈现形式和虚拟效果，搁置了童书获取信息和知识的基本功能。这显然是一种本末倒置的价值取向。如果阅读主体不再以获取知识和信息为出发点，而是以童书的娱乐效果作为阅读选择的标准，童书走向空洞化和肤浅化是必然。从本质上讲，这也是媒介技术对于人的异化。技术本身是为了更好地服务于童书出版产品，更好地传递知识内容，但是当家长和儿童群体在无意识之中过度重视数字童书出版产品的娱乐化技术效果时，显示出了一种"技术选择性偏好"。由此，数字童书的娱乐化和形象化无疑会分散他们对于童书内容的注意力，最终技术喧宾夺主，成功主导儿童的阅读选择。在读书的过程当中，不再是儿童自主选择阅读内容，而是技术在引导儿童选择阅读内容，儿童在阅读时的主体性进一步被弱化。

当数字童书一味地利用新兴的多媒体技术来吸引儿童时，儿童的感官刺激和视觉冲击都得到了前所未有的满足，因而更易获得愉悦感，这就牵涉到了儿童阅读时的技术沉浸问题。儿童获取信息一般以感官接收为主，"人的感觉器官是大脑接收外部信息的感知器，它们可以将各种感官刺激转变为特定的信息符号，然后沿着神经系统传入特定区域进行处理，进而转化为人的视觉、听觉和触觉等感官体验"[①]。AR童书的增强现实效果恰恰可以最大程度刺激到儿童的感官体验，不管是3D立体的动画图像呈现，还是与虚拟对象的人机互动操作效果，都很容易满足儿童的视觉、听觉和触觉体验。他们的感官积极性被充分调动起来，愉悦

---

① 杭云、苏宝华：《虚拟现实与沉浸式传播的形成》，《现代传播》（中国传媒大学学报）2007年第6期。

感随之提高，参与的主动性也越来越高。久而久之，一旦儿童适应了对数字童书的阅读，沉浸在其提供的虚拟仿真场景中，习惯于从中获取自我满足感和感官愉悦感之后，这种感官的愉悦感就会逐渐麻痹那些缺乏自控力的儿童，使其沉溺于其中，就像沉溺于网络游戏那样对数字媒介产生精神依赖，难以自拔，成为一种技术沉浸和感官沉浸。从长远来看，这并不利于儿童理性思维能力的发展和主体性的获得。同时，儿童的这种自我满足感极易导致其自我封闭在这个虚拟交流世界当中，与现实生活中的父母、朋友等情感互动减少，不利于其身心发展。

回到数字童书的具体设计上来看，相对于纸质童书，数字童书以其直观、形象、快捷、简便等特征越来越受到出版界的拥趸，但囿于技术与成本，目前的数字童书很难实现整本书 AR 技术化处理和人书交互性流畅操作。大部分 AR 童书只能呈现出合成的静态场景和图像，动态的互动效果简单且环节较少，对儿童的持续性吸引效果较差。儿童在阅读时，参与互动的机会少，互动效果差，电子设备终端呈现出来的虚拟效果与图书纸质内容之间的衔接不流畅，很多数字童书成为打着 AR 噱头的残次品。这种名不副实的数字童书不仅会大大降低儿童的阅读兴趣和阅读体验，而且注定了很难在市场上有一席之地。这已然成为数字童书出版的普遍性问题，也对出版主体提出了更高的要求：既要广泛利用 AR 技术完成虚拟场景呈现，实现批量化数字童书的出版，又要在控制成本的基础上提高人机交互性。这就需要对 AR 呈现技术、阅读设备终端、电子商务平台等整个数字童书出版系统进行资源整合和优化。但这样一来，数字童书对于媒介技术的依赖性会愈加严重。

此外，数字童书的阅读必然要依赖数字电子产品，尤其是手机、平板电脑、电子阅读器等展示媒介。据《2013年中国未成年人互联网使用情况调查报告》显示，我国少儿互联网使用率已超过90%，少儿对于数字产品的接受能力强，使用频率高，因而借助手机、平板电脑等终端设备获取信息也已成为他们不可或缺的学习和娱乐方式。① 在2018年的《儿童数字阅读产品安全指标体系研究》课题专家研讨会上，首都儿科研究所专家分析指出：儿童越早使用数码电子产品，其发育生长越容易出问题，尤其是类似于近视年龄提前化、近视程度加深化、儿童颈部阶段性酸痛、脊椎侧弯等问题。② 而且，儿童作为精力充沛的特殊群体，活泼爱动，注意力很难集中，极易受到各种外界事物的吸引，而数字产品的使用会进一步分散儿童的注意力，增加其受到外界干扰的概率。在这种情况下，对于数字童书的过度沉浸极有可能对儿童成长造成不可逆的身心伤害。可以说，数字童书以其自身的实时交互性、仿真还原性等优势实现了童书出版行业的跨越式发展，得到了广大儿童的喜爱。但是作为依托媒介载体才能接收相应内容的童书形式，不管是对数字媒介技术提升的需求，还是对展示媒介的物质依赖，都揭示了数字童书的媒介依赖问题尚有改进余地，需要群策群力，勉力解决。

第三节　良性阅读文化的遮蔽

童书出版本质上为了服务于儿童阅读，这就牵涉到了儿童良

---

① 李道魁、张洁梅：《少儿读物的数字出版困境与对策》，《出版发行研究》2015年第5期。

② 参见http://m.sohu.com/a/284654784_120060294，2020年7月10日。

性阅读文化的建构问题。随着新的媒介环境的出现和我国素质教育的广泛开展，不仅整个社会对于儿童阅读的重视程度得到了极大提升，而且从儿童家长到学校机构，再到国家教育主管部门，都在竭力通过实际行动和相关政策来为儿童营造一种良好的阅读氛围。这无疑为童书发展提供了新的机遇，但是也对童书出版行业提出了新的需求。换言之，儿童的阅读环境、阅读观念、阅读习惯等在随着社会发展的变化而变化，这些变化亦成为影响童书出版的关键性因素。同时，结合当下儿童阅读存在的盲从性、娱乐性、多变性、主体错位性和缺乏判断性等问题来看，儿童的良性阅读文化极有可能被遮蔽，而良性阅读文化被遮蔽之后，又会加深儿童阅读的种种问题，从而形成了一种恶性循环。由此，儿童阅读存在的这些问题作为一种错误的市场导向和价值导向，会对童书出版行业造成困境。

一　阅读主体的无意识错位

20世纪末，童书的商品属性得以确认之后，童书出版行业迅猛发展，儿童作为阅读主体和童书真正意义上的接受者，其主体性地位在童书出版行业得到不断认可。随着童书出版生态圈子中出版主体、创作主体和购买主体等各方力量的复杂博弈，儿童本位主义的阅读观念更是成为各方竞相追捧的噱头。然而，盛名之下，其实难副。因为童书出版领域中的主导者和决策者从来都是成人，他们稳稳操控了整个场域中的话语权。虽然市场推动他们将话语权让渡给儿童，他们也将儿童本位主义观念高高擎起，但是本质上他们依然是以一种成人逻辑参与童书创作、出版和购买，儿童依然是最终被动接受的群体。作为最终消费主体的儿童,却也是整个童书出版生态圈中最弱势的、最没有话语权的主体。换言之,儿童作为阅读主体在童书出版流程中的权威性被广泛承认,儿童本位主义也一度成为童书出版领域最为响亮的口号,而事实上,儿童在童书出版实践中的决定权被广泛忽视,这是童书出版行业存在的常态化问题之一。基于此,大多数情况下,创作主体、出版主体、购买主体会取代儿童的阅读主体地位,以一种成人的眼光来决定儿童的阅读内容,这显然是一种阅读主体的无意识错位,本质上则是儿童本位主义阅读观念在走向式微。

我国新闻出版署署长于友先曾指出:"对于童书出版而言,必须研究少年儿童读者的阅读心理和审美需求。"① 诚哉斯言,一方面,不同时代、不同年龄段的少年儿童具有不同的阅读心理和审美需求,只有因时制宜、因需制宜,才能创造出深受读者喜爱的作品。"由于儿童读者的心理年龄特征和性别、智力、文化、地域等的不同,他们的审美趣味、欣赏习惯、接受能力也会是千差万别的。"② 从儿童图书出版的基本定义来看,童书出版按照读者年龄段的细分,可以分为针对0—3岁读者的婴儿童书出版、针对4—6岁读者的幼儿童书出版、针对7—12岁读者的儿童童书出版、针对13—18岁读者的少年童书出版③,这种区分正是基于不同年龄儿童阅读需求的差异性。根据2018年我国《第十五次全国国民阅读调查报告》④ 显示(如图4-1、图4-2所示),不同

---

① 于友先:《创作原创精品,推动我国童书出版走向世界——在第18届全国少年儿童出版社社长年会上的讲话》,《中国少儿出版》2003年第3期。
② 王瑞祥:《儿童文学创作论》,浙江大学出版社2006年版,第36页。
③ 余人:《中国少儿出版新进程》,上海世界图书出版公司2014年版,第6—7页。
④ 参见http://www.199it.com/archives/715946.html,2020年7月12日。

年龄段儿童偏爱的童书类型是存在差异的：0—8岁的儿童与9—13岁的儿童的童书阅读类型并不完全一致，前者处于认知世界的启蒙初期阶段，广泛涉猎，多元阅读，满足其好奇心和想象力的需求；后者居于认知世界的启蒙中期，对于童书类型的选择趋于精准化，满足获取知识的目的。显然，不同的阅读需求，意味着应该进行不同的阅读选择。

而环顾当前童书出版市场的现状，从纸质童书到数字童书，童书面向对象的年龄界限极少进行明确划分，多是在童书封面上标注年龄跨度较大的对象区间。这样一来，不仅童书适用对象的范围相对变得更为宽泛，市场竞争力得以增加，而且出版主体和创作主体甚至会有意识模糊童书这种年龄界限，以迎合儿童家长的精英主义式的"拔苗助长"心态。但是，这也意味着不同年龄的阅读主体存在错位的可能性。这种错位乍一看并不明显，甚至会有一大批童书出版行业的参与者，以不同年龄儿童成长特征区别并不明显为由来为其张本，不自觉忽略了"拔苗助长"的可怕后果。同时，这种不同年龄段的阅读主体错位，会导致童书出版类型变得混乱，出版内容变得宽泛，即面向对象的无差别对待导致了童书出版难以进行精准化处理。而考虑到童书出版市场竞争日益激烈，进行专业化、精准化和精细化的童书出版又是大势所趋。基于此，童书出版不同年龄段阅读主体的错位在本质上是与市场发展需求相悖的，最终导致童书出版的某些困境也是无可厚非的。

另一方面，儿童生活在"纯朴的世界"，他的世界是简单的，与成人的世界不同①，因此童书出版需要界定好成人作品与儿童

---

① 刘晓东：《儿童精神哲学》，南京师范大学出版社1999年版，第12页。

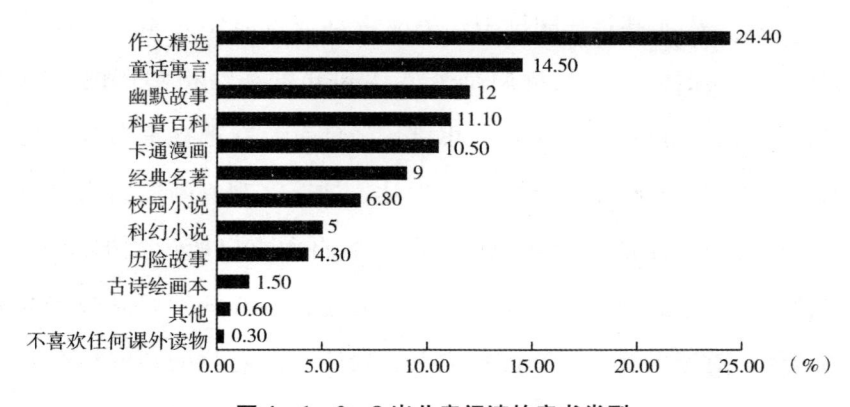

```
作文精选        24.40
童话寓言        14.50
幽默故事        12
科普百科        11.10
卡通漫画        10.50
经典名著        9
校园小说        6.80
科幻小说        5
历险故事        4.30
古诗绘画本      1.50
其他            0.60
不喜欢任何课外读物 0.30
```

图 4-1　0—8 岁儿童阅读的童书类型

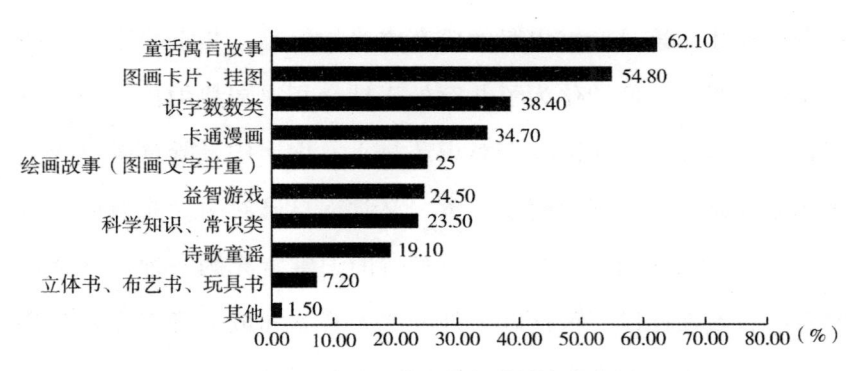

```
童话寓言故事             62.10
图画卡片、挂图            54.80
识字数数类                38.40
卡通漫画                  34.70
绘画故事（图画文字并重）   25
益智游戏                  24.50
科学知识、常识类           23.50
诗歌童谣                  19.10
立体书、布艺书、玩具书      7.20
其他                      1.50
```

图 4-2　9—13 岁儿童阅读的童书类型

作品的文化边界，使童书回归"儿童性"。伴随着市场经济和消费主义浪潮推动，越来越多人意识到了消费主体的重要性，主张童书出版应围绕其真正的消费主体儿童来进行，试图回归一种儿童本位主义的阅读观念。但是，在当下童书出版市场上，模糊成人世界与儿童世界的界限、忽略"儿童性"的作品却比比皆是，作为阅读主体的儿童，其主体性地位常常被购买主体的家长无意识取代，造成童书阅读主体的成人化错位。

儿童性的基本要求是：儿童就是儿童，不是成人，也不是

"小大人"。① 尤其是在阅读中，更应该具备自己作为阅读主体的主体性。一般而言，儿童期是个体认知开发和性格塑形的关键期，充满了对世界的好奇心，思维比较活跃，在选择童书时兴趣也十分多变，而且主观想象能力发达，缺乏客观判断能力。事实上，单纯的以儿童心智问题作为其无法自主决定所读童书为由，未免显得太过武断。换个角度来看，儿童作为心智发展尚未完全的群体，对于世界的认知尚待完善，对于一些题材的理解存在偏差，因而针对儿童群体的童书创作更要按照儿童的理解逻辑和观看视角，对原始生活素材进行加工处理，以便他们更好地理解和接受。这才应该是童书出版的应有之义。但是，儿童的这些特征到了成人眼中，便转化为了儿童处于社会相对弱势地位，需要被保护被引导。成人无论在有意识还是无意识当中，既觉得自我知识积累与认知经验都远超于儿童，又觉得自己对引导儿童成长负有责任，因而他们在对儿童进行教育时，常常充满一种优越感和使命感，习惯性以一种自以为是的成人意志和成人意识介入儿童生活当中，直至在无意识中"取代"儿童而非仅仅"帮助"儿童做决定。

在这种情况下，作为购买主体的儿童家长极易受到伪精英主义意识的蛊惑，或是脱离儿童本身的阅读需求去购买童书，或是过于重视童书的知识性内容而忽略趣味性，或是远超儿童现阶段的认知能力，而这些童书往往又极易被儿童所排斥，"儿童的书"成为"家长的书"，难逃被束之高阁的命运；而作为创作和出版主体的作家或编辑，虽然迫于市场需要，试图呼唤儿童主体性的

---

① 王瑞祥：《儿童文学创作论》，浙江大学出版社2006年版，第309页。

回归，但依然习惯于以一种成人优越感进行童书创作。本质上这是童书出版行业主导力量的角逐：成人力量主导与儿童力量主导的角逐。这种角逐不管最后结局怎样，承担后果的主体永远是儿童。儿童受制于生理、智力和以教育为主的意识形态影响，常常在童书阅读中处于被动接受的地位，成人选购什么样的童书、成人如何阐释和理解童书的内容和意义都在直接影响儿童的阅读体验。儿童需要怎样的童书类型，需要进行怎样的阅读训练，跟成人给予他们什么样的童书、什么样的阅读方法、这种阅读方法是否适合儿童，并不是一回事。成人越俎代庖的决定了儿童阅读的童书类型与内容，初衷是好的，但是是否适合儿童的成长需要则需另当别论了。在这里，虽然儿童在童书出版行业当中的重要性与日俱增，童书出版行业也呈现出了迎合型的儿童本位主义色彩，但是儿童与大人之间依然是一种不平等的关系，儿童阅读的"儿童性"并未得到全面解放，儿童良性阅读文化的建构依然存在难度。

　　进一步来看，阅读主体的跨年龄化和成人化错位，不仅不利于儿童良性阅读文化的建构，更会对童书出版行业带来诸多负面影响。纵览整个童书出版市场，缺乏了儿童本位观念的童书创作，往往缺乏了儿童视角的多变性和想象性，呈现出盲目跟风的创作特征，同质化和从众化十分严重。如2008年明天出版社的《最佳儿童读本》，一经面世，便广受好评与追捧，随之，一大批类似于"经典读本""精选作品"的童书便跟风出现在市场上，甚至同一本童书在市场上同时有上百个不同版本。这些童书缺乏独特性和原创性，究其原因在于儿童本位主义阅读观念的缺失。成人对于儿童世界的理解常常趋于雷同，或是过度弱化和幼化儿童的认知能力，或是过度成人化儿童的思维智力，远远不能感同身受地理解儿童的好奇心与求知欲。显而易见，儿童本位主义阅读观念缺失所造成的后果，从来都不是形而上层面上的口号而言，而是完全可以体现在童书出版各个环节当中的。如果阅读主体一再无意识错位，创作主体缺乏对于儿童心理的研究与观照，出版主体缺乏对儿童兴趣的观察与分析，购买主体缺乏对儿童需求的重视与理解，童书早晚会成为"大人的书"，其存在意义变得虚无，整个童书出版行业必然无法长足发展。

二 阅读环境的商业化变迁

伴随着媒介环境的变化和儿童教育意识的进步，良性儿童阅读生态环境的建构成为童书出版行业良性发展的重要保证。童书本质上是服务于儿童阅读的，儿童阅读又深受阅读环境的影响，那么童书出版必然要考虑到儿童阅读环境的问题。环顾21世纪以来的儿童阅读环境，几乎是一片生机勃勃的景象：各种官方和民间的阅读奖项、研讨会迭出，经典童书和畅销童书层出不穷地出现，阅读体验馆、故事屋、亲子读书会等儿童阅读形式花样繁多，儿童分级阅读、绿色阅读等阅读模式大量涌现……相比于传统的儿童阅读环境，这些形式无疑昭示了当下儿童阅读环境的变迁，而这种变迁最为显著的特征就是以一种商业化价值为导向进行阅读环境的建构。毋庸置疑，商业化价值导向催生了多元化阅读环境的建构，为儿童阅读和童书出版行业都带来了新的生机，但同时也催生了一些问题。

从家庭阅读环境建构层面来看，商业化价值取向极易导致儿童家庭阅读缺乏科学性，对于童书的选择依赖于市场的商业化引导，从而不利于优质童书的良性发展。一方面，家长对于儿童阅读的重视程度与日俱增，选购童书时热衷于满足儿童优质阅读的目的，习惯于将精英主义甄选意识落实在童书选择中。但由于他们自身对于儿童阅读特征、童书品质和类别的甄选缺乏深度了解，因而极易受到出版市场过度宣传的蛊惑，盲目跟风选书，忽略儿童自身的个体独特性和阅读需求。在这种情况下，家长选择童书的依据多是出版市场的商业推送，这些推送往往信息繁杂、乱象纷呈，那些缺乏判断力的家长十分容易被错误引导，从而错过那些优质童书。另一方面，家长对于亲子阅读等阅读方式的理解流于形式，或是对于亲子阅读的价值认识不够，或是对阅读方法的理解不到位，很难做到有质量的阅读陪伴。一些商家利用家长这种对于阅读方式理解的不到位，打着创新阅读方式的由头，大肆鼓吹家长参与到儿童阅读当中，但是为了自身获取持续性的商业利润，又不可能引导家长完全理解和掌握这些阅读方法。由此，童书的类型选购、家庭阅读环境的建构常常要依赖于商家的引导，而非依赖于童书品质的优质性和阅读环境的科学性进行自我判断，最终加剧了童书出版行业的混乱。

从学校阅读环境建构层面来看，商业化价值取向极易导致儿童阅读盲目跟风，阅读质量下降，从而对课外童书阅读产生逆反心理。随着国家教育政策对于儿童阅读的重视，越来越多的学校加大了对儿童阅读的投入，设立中小学图书馆成为一种常态化措施。但是，在图书馆馆藏童书的选择和配置上，学校缺乏自主决定权。一般而言，学校作为教育部门主管的事业单位，规章制度严谨，图书采购流程要层层审批，财务报销也要层层审核，有一套完整而机械的馆配流程。出于对馆配流程、成本控制和公开透明采购要求的考虑，很多中小学图书馆往往会采取招标采购的商业运作模式，并对童书单价和数量进行采购成本限额。这样一来，中小学图书馆的童书采购多是由文化公司商业竞标操作。这些公司往往利用价格优势进入馆配流程，为了有利可图，多半会压缩童书成本，造成童书质量大打折扣，而那些较大出版社的优质、正规版本的童书则很难进入馆配流程。同时，一些中小学老师的阅读素养有待提高，他们对于儿童阅读的认识还未上升到一定的深度，往往趋向于选择所谓的名家经典作品来让儿童阅读，这些名家经典十之八九是出版社、文化公司之流商业推广的结果。但是，就像农村学校和城市学校的阅读环境存在差别，不同地区、不同层次的儿童阅读能力和阅读需求也存在差别，老师们的这种无差别的经典化童书推荐略显敷衍。儿童作为阅读主体，只能被动接受语文老师推荐和学校提供的童书，很容易产生逆反心理，阅读质量很难保证。

　　从社会阅读环境建构层面来看，儿童社会阅读机构的商业化早已成为童书出版行业的基本生存法则。其一，从图书馆到新媒体阅读推广平台，从实体书店到网上书店，从故事屋到远程同步阅读交流，几乎都是以商业利益作为原始动力的儿童社会阅读。在这种语境中，社会阅读机构作为公共阅读平台的使命感和公益性受到了巨大的商业冲击。以图书馆为例，作为公益性质的社会阅读平台，大多数是在国家财政的支持下，肩负着全民阅读推广的使命，但是在今天很多图书馆却做着商业阅读的事情。无利可图的公益性活动开展不到位，有利可图的商业活动频繁举办。功利主义的商业价值追求成为很多图书馆开展阅读活动的主要价值取向，而图书馆之外的儿童阅读场所商业色彩更甚，时常会出现以商业盈利活动为主,将儿童阅读作为商业附加属性和营销策略的情况。这种商业化的价值取向意味着儿童在整个阅读活动中仅仅是作为消费者和商业利润来源而已,儿童阅读的人文价值已然被抛诸脑后,儿童的社会阅读环境在不断恶化。

其二,在阿多诺所预言的文化工业时代,很多文化产品都在被批量化和标准化地复制着,这痛并狂欢中,既有传统印刷文化与新媒体文化的博弈,也有同一媒介中的互相竞争与博弈。童书出版市场概莫能外,系列化、批量化、工业化的生产盛行。① 在这种急功近利的童书生产语境下,越来越多的同质化童书出现在市场上,创作者要么反复出卖版权,要么待价而沽,出版商要么大肆进行商业包装,要么恶意价格竞争。同时,对于商业利润的过分追逐,迫使一些相对而言利润微薄的经典化、高品质的童书接连在商业化利润面前败下阵来。坚守高品质童书创作的人越来越少,无序商业竞争成为常态。童书的价格越来越高,童书的质量越来越难以得到保证,儿童的阅读质量亦难以得到保证。童书出版与创作生态都以商业价值作为出发点,造成了童书出版的恶性循环和阅读环境的进一步恶化,儿童成为最终的受害者。

其三,出于商业竞争目的,大量盲目引进外国童书,不仅对本土原创童书带来了巨大冲击,造成童书出版行业的"国际逆差",而且造成儿童社会阅读的"伪经典化"。为了占领国内童书出版市场,越来越多的出版社选择引介国外童书作品。甫一开始,大量译介引进的童书多是国际获奖作品,但是这一类作品也是有限的,再加上版权问题,国内出版机构对于国外童书的引进

---

① 王春鸣:《童书出版与儿童阅读环境》,《编辑学刊》2011年第3期。

标准越发宽泛。在"销量至上"的语境下,一些翻译不过关、内容粗制滥造,甚至不适合儿童阅读的"伪经典"童书也被引进,出版商看重这些童书全球销量的商业利润,不加甄别地引进。全球化阅读语境中,一切合适不合适的童书都成为中国儿童的文化奶妈。① 童书的社会效益在商业效益面前,不值一提。更重要的是,大量引进外国童书,挤压了中国原创童书的生存空间,伤害了中国童书市场的创造力,并培养了中国童书出版行业的惰性,不利于童书良性出版环境和阅读环境的建构。

对于童书出版行业而言,阅读环境的商业化变迁对于童书出版行业造成的影响是方方面面的,不管是出版市场的无序竞争、家长和学校对于儿童阅读理解的认知缺失,还是原创童书出版环境恶化、童书出版工业化和复制化、引进图书盲目化等问题,从根本上都会动摇童书出版行业的良性发展根基。可以说,这种变迁既是机遇,也是挑战。不仅揭示了童书出版各个环节的参与主体对建构良性阅读环境的重要意义,而且为我们指引了童书出版的未来方向。总体来看,阅读环境的商业化变迁是不可逆的趋势,我们能做的就是在尊重童书出版市场规律的基础上,避免童书出版过度商业化带来的负面影响。尤其要注意平衡图书的商业价值和人文价值,尽力开发满足儿童阅读需求、能够解决家庭亲子阅读和学校语文教育的相关童书,致力于建构良性儿童阅读环境,从而促使童书出版形成长效发展模式。

三 阅读习惯的加速化倾向

技术变革、社会变迁和生活方式的改变从来都是息息相关

---

① 王春鸣:《童书出版与儿童阅读环境》,《编辑学刊》2011年第3期。

的，阅读方式属于我们生活方式的一个方面，再加上阅读从来都不是一种人的自然行为，而是一种可以进行阅读引导的后天建构行为，因而阅读方式必然会受到主流社会话语逻辑的影响。随着数字图书时代的到来，不管是新的阅读场景和阅读体验方式的出现，还是全新图书出版生态的建构，每一次的技术转型和社会变迁本身都会带来阅读情境的变革，而阅读情境的变革会直接影响到人们阅读习惯的改变，儿童阅读也不例外。儿童虽然作为童书的阅读主体，但却是整个社会中的一个相对弱势群体，缺乏自我独立思考的能力，很难掌握自我的阅读话语权，阅读习惯极易受到社会环境的影响。而在现代社会中，崇尚速度、追求加速已然成为主流的社会和文化表征，人们的体验结构和审美感知经验也由此呈现出了碎片化、印象化、空泛化特征①。因此，儿童阅读习惯极易受到这种社会加速的影响，呈现出加速化倾向。

　　正如法兰克福学派理论家哈特穆特·罗萨在《新异化的诞生：社会加速批判理论大纲》中所指出的那样："现代社会是一种上升式的循环加速，科技加速会使社会变迁加速；社会各行各业都在加速，又会促使生活本身加速；而生活加速后，人们还是更想压缩属于自己的时间，又要诉诸新一轮的科技加速来拯救我们的闲暇。由此，科技加速、社会变迁加速、生活节奏加速三者形成整个社会加速循环圈子。"② 我们已经处在一个加速时代，对于速度和效率的追求早已浸透在我们生活方式的方方面面当中了，儿童阅读领域也不例外。类似于 AR、VR 等数字童书的出

---

　　① 廖雨声：《加速时代的审美感知重塑——〈慢下来——走向当代审美〉中的慢速美学》，《马克思主义美学研究》2019 年第 2 期。
　　② ［德］哈特穆特·罗萨：《新异化的诞生：社会加速批判理论大纲》，郑作彧译，上海人民出版社 2018 年版，第 35—39 页。

版，大量新媒体技术被应用到童书开发中，为儿童创造出各种可能性阅读方式，最大限度地瓜分儿童的阅读时间，提高儿童的阅读效率，"并被认为掀起了一场重构儿童阅读体验的革命"。① 对于儿童而言，置身于这样一个加速化阅读语境中，不仅要经历与成人一样的阅读变革，阅读习惯建构呈现出了碎片化、空泛化和印象化特征，还要相对于成人更加缺乏主动权，承受更多阅读话语权被褫夺的沉重后果。在此基础上，加速时代的儿童阅读在加速化，就意味着童书出版行业在童书内容和形式的更新换代上也要加速，这无疑对童书出版提出了更高的要求，也暗示了童书陷入了一旦落后就要被淘汰的危机。

"速度"是人们在现代社会加速时代的核心追求和主流话语逻辑。在这样的语境中，社会主导性的话语逻辑对人提出了更高的要求：冀望人脑要像电脑一样快速处理信息，人类的思维能力要无限接近技术的智能运算能力。这种要求意味着人在获取信息时必须要重视效率，节约时间成本，儿童阅读显然也要遵循这样的要求。作为未来社会的接班人，儿童被寄予厚望。从国家层面，到学校层面，再到家庭层面，都为儿童量身打造了诸多培养计划，从而导致儿童的课业负担和课外班异常丰富，这些占据了儿童的大量时间，留给儿童阅读的时间十分有限。在这种情况下，儿童只能在有限的阅读时间内最大可能地满足自己的阅读需求，最大限度地利用所有有限的碎片化阅读时间。人的时间和空间都被碎片化了②。由此，儿童阅读习惯呈现出了碎片化的特征。

---

① 龙娟娟：《基于体验的 AR 形态学龄前童书交互设计探析》，《中国出版》2017年第16期。

② 史雯：《嬗变与形塑——新时期青少年网络阅读研究》，中国广播影视出版社2016年版，第50页。

而且，随着童书出版行业的技术化变革，童书的出版类型和呈现方式趋于多元化和数字化，为儿童阅读的碎片化提供了便利，而儿童阅读习惯的碎片化又坚定了出版主体开发多元化童书类型的决心。二者互为因果，互相促进。

但是，碎片化的阅读习惯也具有负面影响。一方面，阅读本身不仅是以获取知识性内容为出发点的一种静观审美体验活动，更是肩负着培养阅读主体基本的理性反思能力和感性认知能力的任务。儿童碎片化的阅读习惯，常常将童书中的整体性知识内容和自己的阅读时间进行了切割，多次反复建构自我的理解体系和阅读经验，前后衔接呈现出断裂。那么，阅读习惯的碎片化极易导致获取知识的碎片化，并不利于培养儿童对事物的整体性认知能力和系统性逻辑思维能力。更重要的是，每一次阅读，都要对前一次阅读进行再次回顾，乍一看是在加深阅读印象，更好地掌握知识，但每一次的阅读体验都是独一无二的。即便重新回顾观照，也很难获得完全一样的阅读体验，遑论断断续续读完整本书之后能够给出良好的阅读反馈和体验。另一方面，从时间成本来看，这种习惯性的碎片化阅读，看似是在抓紧一切可以利用的碎片时间，但是阅读效率本质上并未得到提升，因为反复阅读成为碎片化阅读的常态，时间成本反而更高了。这样一来，这种碎片化阅读习惯与加速时代的阅读要求显然存在悖论，或者说这正是罗萨所声称的加速时代的悖论性循环的一个侧影。

伴随着儿童阅读习惯碎片化而来的，还有阅读质量的空泛化和印象化。当儿童阅读时间被分割之后，集中时间进行深度阅读成了奢望，只能趋向于浅阅读。一般而言，所谓"浅阅读"意味着阅读主体更偏爱直观简单的阅读内容，希望快速高效地获取知识，不愿意调动自己的深度思考，缺乏阅读的耐心，最大限度地在降低自己的阅读成本，这显然也是加速时代下的产物。但是，缺乏深度思考的快速阅读，不仅会对阅读内容的理解流于表面，造成阅读质量的空泛化，而且会导致阅读主体对于阅读内容轻易地形成先入为主的印象化肤浅认知，不利于加深对世界真实的理解。囿于儿童的阅读特性，儿童阅读一般是由浅表化阅读过渡到深度阅读的过程，但这并不意味着儿童阅读可以忽视深度阅读。在低龄幼童时期，儿童认知能力有限，对于世界的认知主要通过感性形象，因而其阅读主要是通过童书中呈现出来形象，在自己脑海中形成与之对应的事物轮廓即可，这只需要儿童的浅表化阅读；随着儿童年龄的增长，其认知经验积累到了一定程度，对自我思考能力提升的渴望和旺盛的求知欲促使他们的阅读更倾向于对知识性内容的深度反思。而儿童碎片化阅读习惯带来的浅阅读，显然已经无法适应儿童的阅读需求了。

  在这种情况下，儿童阅读习惯的碎片化、浅表化和印象化对于童书出版行业显然也会造成影响。一方面，越来越多的童书为了迎合儿童阅读习惯的变化，进行了出版策略调整，尤其是近年来痴迷于对数字童书的大量开发和对国外童书不加甄选的批量引进。数字童书一般都以视觉呈现为主，将知识性内容直接进行图像化转换，迎合了儿童浅阅读的需求；而批量引进国外童书则是以一种"拿来主义"的逻辑进行童书出版，增强了童书资源的多样性，这些童书声称是最先进的儿童阅读理念的产物，以一种"进口优越感"来掩饰和遮蔽不同国家文化背景、儿童培养理念和儿童阅读习惯的深层差异，满足了加速时代儿童阅读的高效性需求。出版主体基于出版惰性大量引进，而儿童阅读时的浅表化和印象化习惯促使他们很少思考这些进口童书内容的合适性问题，反过来又加剧了儿童的阅读惰性。同时，这些引进童书还挤压本土原创童书的生存空间，加剧了童书出版市场的竞争。

另一方面，基于对加速化语境下儿童阅读生态的考察，儿童碎片化、浅表化和印象化的阅读习惯，并非是可以持续性发展的良性阅读习惯，迟早会被更适合儿童阅读需求的习惯所取代。那么，童书出版行业为了更好地生存，就要面临双重任务：既要适应当下儿童的阅读习惯去进行童书出版，又要通过童书出版来引导儿童建构新的良性阅读习惯。前者是为了占据当下的童书出版市场，后者是为了占领未来的童书出版市场，这显然也彰显了童书出版主体的野心。要实现这种野心，就意味着童书出版主体要兼顾童书的经济效益和人文效益，但是环顾当下童书出版市场的现状，能够做到两者兼顾的优质童书凤毛麟角，多的是名不副实的作品。显然，出版主体的能力与野心并不匹配。更现实的问题是，随着儿童新的阅读习惯的建构，当下的童书出版格局又要为此进行新的调整。那么，出版主体能否跟得上儿童阅读习惯变迁的脚步，不仅是决定了童书未来市场占有率的问题，更是关乎童书生死存亡的关键问题。

整个社会都在追求加速时代的快节奏和高效率，儿童阅读亦如此。但是，执迷于速度带来的高效阅读体验，并不完全适合儿童阅读。作为阅读主体的儿童，其阅读需求的丰富性，注定了他们不可能轻易臣服于碎片化快速阅读所带来的阅读体验。这些阅读体验可能为儿童带来了感官刺激和沉浸享受，可能降低了儿童的阅读难度和阅读成本，可能满足了儿童私人化的个体想象和多元化的阅读需求，这些都是值得被理解的，但这并不意味着儿童加速化的阅读体验就是一种良性阅读体验。碎片化的结果是知识共享价值和共同知识内容的丧失，知识趋向私人化就意味着狭隘化；肤浅化和印象化的结果是阅读主体深度思考能力被剥夺，感性认知能力抹杀了理性认知能力的重要性和必要性。这不是一种良性的儿童阅读体验。与之相适应，童书出版也经历了从文化产品到文化商品，再到快速消费品的变化过程，显然这是其生存之道，也是其困境之源。一言以蔽之，整个童书出版活动的参与主体，包括创作主体、出版主体、阅读主体和购买主体等，都是在基于儿童阅读文化的变迁而进行策略性的调整。一旦儿童的良性阅读文化被遮蔽，整个童书出版行业都会遭遇困境。

第五章　童书出版的路径突围

童书从最初追求人文价值到如今追求人文、市场与技术三位一体价值，从开始屈指可数的销量到如今在出版行业占有一席之地，这离不开童书工作者们的耕耘，也离不开时代的催化。童书出版行业的每一次变革与前进几乎都与中国重大历史事件的时间节点吻合。新文化运动、中华人民共和国成立、改革开放、加入世贸组织等一系列重要事件，童书出版界一直聚焦于时代变换而调整童书出版策略。这无疑是谋求童书出版发展的应有之道，同时也揭示了童书出版必须紧跟时代发展的步伐。近年来，在知识经济的推动下，越来越多的家长认识到少儿图书阅读的重要性和必要性。2019 年 5 月发布的《2018 中国儿童数字阅读报告》① 中的数据显示，2018 年，中国儿童人均年阅读量已达到 40 本，远远超过全球最大童书出版 Scholastic 调研公布的美国儿童人均每年 23 本的阅读量，而这组数据凸显了我国少儿图书阅读的发展特点和趋势。对于少儿图书出版来说，数字化技术、新媒体技术的快

---

① https://baijiahao.baidu.com/s? id = 1632955386051413540&wfr = spider&for = pc，2020 年 8 月 1 日。

速应用除了改变童书出版的方式，巨大的市场、庞大的消费力也加剧了童书出版方面的竞争，所以如何以科学高效的策略带领童书出版突出重围是当下我们亟须解决的问题。

第一节 内容层面的突围

文以质胜，童书出版行业发展的关键在于童书的内容。内容关乎一本图书是否具备持久、深远的阅读魅力，能否获得良好的口碑，是否具备强劲的品牌号召力。在读图时代下，童书出版受到了消费文化和新媒介文化的影响，童书出版的市场化、资本运作、审美、阅读习惯、环境等的改变以及碎片化、娱乐化、浅阅读、儿童阅读群体的知沟差距变大等现象的盛行迫使我们必须对童书出版进行内容层面的创新。主要可以从以下三个方面实现童书内容层面上的突围：把握童书基本属性，遵循内容的儿童性本质；注重童书题材的创新，拓宽儿童知识结构；重塑经典价值，实现童书审美叙事建构。

一 把握童书基本属性，遵循内容的儿童性本质

童书出版要识清童书的"儿童性"本质，定位明确的读者群体，以此来实现童书内容上的突围。童书的主要阅读群体是儿童。如童书中的图画书通常被认定为儿童读物，日本儿童读物研究会撰写的《孩子和绘本的学校》中讲到其"内容、表现、造书等都以孩子为主要对象设计"在童书"为儿童"的性质方面观点明确[①]。

[①] 陈晖：《论绘本的性质与特征》，《海南师范学院学报》（社会科学版）2006年第1期。

但是，也有相当一部分成人也是童书的忠实簇拥者。一个例子是中国儿童文学第一刊《儿童文学》，其宣传语中有一句是"适合9至99岁公民阅读"，尤其是对于八九十年代的读者来说，它是一本内容相当深刻的文学杂志，是当时的纯文学重镇。另一个例子是一些被视为儿童图画书的作品，如美国"谢尔·希尔弗斯坦绘本系列"，实质上更具备成人书目的性质，因为他们蕴含儿童尚且不能理解的同时又是作品重要核心价值的深刻的人生体验和哲理。当然，这些情况催发出来一种新的童书设计——针对儿童与成人共享的童书，如英国安妮塔弗丝的《猜猜我有多爱你》、日本秋山匡的《离开蛋壳的那一天》等以亲子情感的表达为主要内容。这类作品中可以看出人类对童年永恒的欣赏和迷恋，童书的儿童性的发挥，让儿童与成人读者在共通的阅读中各自获得精神的满足和审美的愉悦。

童书出版应满足儿童心理需要，增强童书趣味性，以此实现童书出版内容上的突围。国际上认定儿童是指未满18周岁的人，我国较喜欢仅将中学阶段之前的人视作儿童，但随着全球化不断加深，我们对于概念的界定也更趋于国际统一标准，将童书界定为面向0—18岁的读者的专业书籍。根据儿童心理发展的特点，其对童书的敏感度各有不同，4—6岁儿童是数字阅读主力，从内容主题来看，不同年龄段儿童读者偏爱的内容呈现不同的特点。0—3岁的幼儿最喜欢的主题为认识社会、健康习惯和自我认知，在视觉上更喜欢颜色鲜亮、画面夸张、图多字少、主角形象简单可爱的绘本；4—6岁的儿童最喜爱的主题为品格培养、情绪管理和社会认知，在故事阅读中易于认同主角人物，喜爱主题简单、结局正义的故事；7—9岁儿童最喜欢的主题为科学探索、生命教育与天文地理，在故事类型上更喜欢充满探索感与冒险元素的故事。少儿阶段的孩子在图书阅读方面通常表现出明显的趣味性，并且喜欢投入更多的时间和精力来阅读自己感兴趣的图书。因此，策划编辑要从趣味性的角度出发对图书内容进行深入思考，通过增加图书内容的故事性、可读性来引导和激发少儿阅读的兴趣。

1986年安徒生奖得主帕特里莎·拉伊森曾经指出"这一领域（童书创作领域）是一个诚实的领域，作者个人的放纵是令人无法容忍的。纯粹的责任感促使作者去反复审度创作思路，力争达到公正与真理的目的"①。童书工作者必须在创作中充分考虑受众的心理特点，提升童书内容的趣味性。目前，我国市场上流行的童书种类主要分为少儿文学、少儿科幻科普、图画绘本、少儿艺术等版块，其中，图画绘本是深受少儿受众喜爱的一种品类，它通过生动形象的图像内容、轻松愉快的故事情节来提升受众的视觉体验，提升读者的阅读兴趣。《2018中国儿童数字阅读报告》显示，在阅读完成率和重复阅读率达到80%的作品中，34.6%为本土原创内容，经典IP形象和传统文化主题的作品阅读完成率较高，这说明少儿更喜欢那些与自己日常生活存在交集的图书内容。因此，童书工作者在图书内容策划过程中要注重引入备受少儿青睐的小动物、小玩偶等内容，使少儿能够在阅读过程中感受到生活的乐趣。

各种童书以不同程度或以不同方式表现出的儿童性，使得儿童性成为童书的基本属性，这意味着童书的读者对象范围再次扩

---

① ［德］叶拉·莱普曼等：《世界大奖作家经典童书：长满书的大树》，黑马译，湖北少儿出版社2005年版，第6页。

大了。曾经认为"童书是专门为儿童读者而著的书籍"观点被检验是错误的，而且，严格地说，童书的真正读者是具备丰富想象力的人。日本著名儿童研究专家松居直在《我的图画书论》中说"想象力丰富的人能看到别人看不到的东西"①，这想象力丰富的人中的确主要是儿童，但成人的比例储备量更高，是不可忽视的有自主购买力的群体，这符合童书内容的"儿童性"本质，需要我们正视。

那么针对童书的"儿童性"特征，在童书内容策划上，应该遵循以下原则。一、正确的价值观指引。童书应该具备培养孩子优良行为习惯、建立语言文字使用信心，学习人际互动、学习情绪的抒发与控制等功能。优秀的童书的发展也代表着我国先进文化的发展方向。二、求知能力的激发。童书的重要意义在于，有益于建立儿童认知，通过童书阅读，激发孩子的求知欲。三、合理的内容设置。童书内容的设置方面应针对不同年龄层孩子进行分类，一方面可以根据儿童心理和智力发展的客观规律设置适龄的童书内容；另一方面可以根据主题分类进行内容设置。四、美感及想象力的培养。优秀的童书，不仅能够培养孩子的美感和想象力，也会在亲子共读时提升大人的审美力，世界上优秀的童书无论是从内容的表述还是童书的装帧、配图等均在美感和想象力的表达方面有所体现。五、整体性的规划。童书的"儿童性"特征要求童书的内容策划应该从全局性、长期性和层次性三个方面来考虑。全局性是指在内容的策划过程中同时应考虑编、制、生、储、发全局和市场状况；长期性是指着眼点要顾及未来，树

---

① [日] 松居直：《我的图画书论》，季颖译，湖南少年儿童出版社1997年版，第56页。

立可持续发展观,纵观世界,有许多优秀图画书都是畅销百年以上;层次性是指可以进行综合开发。

二 注重童书题材的创新,拓宽儿童知识结构

童书出版应注重题材的创新,以多样化的题材丰富儿童知识结构和情感体验,实现童书出版内容上的突围。由于社会历史环境的改变,传统童书题材已经不能满足孩子的阅读需求。童书出版应注重题材的创新,来帮助儿童获得多元的知识结构,丰富其情感体验。

儿童文学的题材具有广泛性和无限性,常见的童书题材有以下几类。其一,儿童生活故事题材。以描绘儿童生活为主,又要体现儿童的家庭与学校生活,世界上相当多的优秀作品主要以这类题材为内容。这种题材选择性比较广阔,适用于所有儿童文学的创作。其二,启发创作能力的题材。图画书里面的文章很短,但句句都是精华,文章整体具有美感,因为图画书里的文句及图画意境很高,会培养儿童的艺术涵养,充分发展儿童的创作力。但这也是我国的本土图画书发展滞后的一个原因,写作内容比较贫乏,没有底蕴和独特想象力,缺少朴实和生动的生活素材。其三,指引人格发展的题材。这类图书内容涵盖社会亲情、友情、人际关系、心理责任感、分享、情绪处理、自我调适、保健等适合儿童人格成长发展需求等各个层面。如《青蛙弗洛格的成长故事》与《欢乐谷的动物们》,都是塑造人格的图画书,适合父母和孩子一起看。让优秀的作品在潜移默化的情况下与孩子原始的生长本能碰撞,在他的小心灵里留下痕迹,永远不忘。其四,认知益智题材。具有代表性的认知类题材就是"十万个为什么"。

"十万个为什么"系列自问世以来，出了多少个版本，笔者无法数清，但其长久不衰的原因就在于其对儿童来说极具认知、教育意义。与此同时，还有成语故事、童话故事、诗歌等，也是国内童书常用到的题材。上面的介绍也只是选取了几个特定的角度来谈童书的题材，事实上，还有各种各样的描述民间故事、幻想故事、成长故事、幽默故事等题材的童书。受我国传统文化教育的影响，国内儿童文学的所用题材除了普遍性外，往往还具有传统的说教性、单一性，并且益智类题材的比较多的特点，我国的出版者们在对待童书的内容处理上，创新性仍做得不够。

当世界童书飞速向前发展的时候，我国的童书的内容创作却还停留在20世纪的文化教育背景下，这不禁令人担忧。但是通过借鉴经验并结合我国实际，可从以下题材上体现创新：一、亲子题材。孩子从零岁到六岁，入学前的期间，父母的陪伴对于孩子的成长具有至关重要的作用。父母讲故事、唱歌、抚摸、摇一摇、拍一拍，这些行为会让孩子在心理、生理上感觉非常舒服，应每天用这样的方式跟孩子建立感情。如《爱心树》和《猜猜我有多爱你》的畅销即是这样的原因。二、心理教育题材。这里题材的童书主要用来教小孩如何处理情绪。从孩子日常矛盾的情绪调节切入，围绕着这些话题摊开所有小细节，教导小孩，情绪变化的时候应该怎么样去控制，如何进行心理按摩，保护各自的心灵和对对方的爱不受伤害。三、关于死亡、离异、战争等题材。这些话题在国外已经出现，但在我国，还属于儿童文学中的"雷区"。笔者认为，可以将这些题材进一步地创新，如用温和的语言来讲述我国的红色革命，讲述英雄的故事。四、关于爱情和性知识的题材。也许大部分大人们都认为，跟几岁的孩子谈爱情和性太过羞耻。但这确实是应该由童书工作者必须完成的事情，拨开罩在性知识和爱情上的迷雾，以科学恰当的口吻去表述，带领孩子认知，更有利于保护儿童身心的健康发展。另外，国内现有的关于此类题材的图书并不适合儿童阅读，如前几年风靡全国的成人图画书"几米"系列，就以唯美的画面、动人的爱情故事吸引了一代都市白领，创下了销量新高。但是，它的表达并不适用于儿童读者，所以这里需要有新的童书内容来填补这片空白。五、关于人本思想和环境教育的题材。目前，我国童书较少关注到此类题材。有部分童书谈到注重生命的价值和环保的概念，所以很多儿童读者读了图书之后，就会主动爱护小动物，重视环保。如北京联合出版有限公司引进的《推土机年年作响》①，约克·米勒由同一角度取景，从年月日到年月日之间，以三年的间隔时间，记录一个小乡村二十年间的变化。看着大自然的消失，孩子们也失去了亲近草地、小溪、各种动物的机会。作者只是想呈现一个真实的世界，并且借此引导读者思索自己的生活环境。

三 重塑经典价值，实现童书审美叙事建构

童书出版应重塑经典价值，在守好意识形态关的前提下，实现童书审美叙事建构，以此实现童书出版内容上的突围。童书出版不仅具备着商品产业属性，同时也具备着意识形态属性，童书出版需将社会效益置于首位。过往的经验告诉我们，童书行业的每一次变革均与中国重大的历史事件相吻合，童书出版与时代变

---

① ［瑞］约克·米勒：《推土机年年作响》，北京联合出版有限公司2018年版。

化、国家政策息息相关，谋求童书出版行业的持续与良性发展，必须守好意识形态观，重视童书的审美叙事建构。

首先，童书必须守好意识形态观，实现童书的审美叙事建构。斯特劳斯在谈到文化个体性和文化整体性的关系时指出："我们一出生，周围的一切有意无意地都给我们建构了一个复杂的参照系统，构成了我们的价值判断、行为动机、兴趣爱好。文明依照这个参照系统自我发展，外部的文化现实只能通过参照系统施加于它们而变形。"① 这里表现出某一民族文化区别于其他民族的鲜明的文化特色，以及一个国家相对独立于其他国家的文化意识形态。这与民族国家的本土性、民族性及族群发展紧密相关，是一个国家民族特性的体现。尤其是中国文化对于中国人民族审美心理和欣赏习惯的塑造，建构出独属于中华民族的审美叙事。比如在聚集与整合"民心"达到"寓教于乐"的目的。个体会由着中国人精神生活中的集体无意识行事，用独属于中国人的人物塑造、情节设计和意蕴传达等，在同属创作者建构属于中国审美的叙事。

其次，童书作为一种文化产品，是童书创作者精神的物态呈现，童书创作者通过叙事方法和内容对童书阅读者的精神世界产生影响，进而实现童书的审美叙事建构。童书作为儿童文学作品，主要是要通过艺术的形象来陶冶儿童的内心世界，进而培养其基本的人生观、价值观、审美观、道德观，铺陈好人性的底色，准备塑造好未来的民族性格。童书创作者和阅读者之间是相互作用的关系，并不存在绝对的支配与被支配关系，童书创作者创作

---

① ［法］克洛德·列维-斯特劳斯：《种族与历史、种族与文化》，于秀英译，中国人民大学出版社 2006 年版，第 31 页。

出契合阅读者的心理期待的作品，阅读者会为作品提供良好的口碑，再次促进童书创作者的创作。这个过程中，童书工作者完成童书创作的本质目的——培育儿童的思维方式、认知习惯和思想观念。

最后，童书创作者要从经典中探索，结合当下，重塑经典的价值，实现童书审美叙事建构。这里最重要的是我们必须首先理解我们的工作本质，是重塑建构而非单纯套用，是肌理相亲而非骨肉分离。结合当下变化了的社会现实，将中华经典文化中真正展现的审美旨趣和意蕴内涵以新的方式建构出来。这就要求童书创作者自身对于民族文化有深刻的理解，不是简单地对于传统文化元素的膜拜，而是深入理解童书的民族化生产内涵；不是通过简单的汲取传统创作技法和表现形式就来实现"中国化"，而是深入文化内里，真正去感悟民族文化渗透在文本字里行间的思维方式、审美取向和文化底蕴。因此，童书出版必须紧跟时代发展的步伐，提升对于儿童阅读接受能力的理性评估能力，加强自我民族文化修养，以新思想和新观念应对新科技的冲击，发掘经典、重塑价值，建构审美叙事，以此来促进童书出版行业的繁荣。

第二节　形式层面的突围

在互联网时代，多种传播方式不断出现，对传统的童书出版造成了巨大的冲击，但一切挑战均蕴含着机遇。结合童书出版的本质特点，乘着互联网时代的巨浪，童书出版可化危难为机遇，抓住互联网时代的这一契机，多元化创新童书出版方式，通过丰富多元的出版方式，形式多样的出版样态实现童书出版在形式上的突围。一方面，在童书出版体裁方面，除了最为普遍使用的读本、专著等，还可以通过纪录片以及神话传说改编的古诗、漫画等多种类型；在表现形式方面，还可以加入插图、二维码音频、视频等内容，让童书出版的内容更加丰富。另一方面，在装帧设计方面，也要体现出艺术美，要让出版物的内容与封面设计更为贴合，起到吸引读者，突出主题的作用，为童书出版的发展带来更多新鲜的活力。

一　童书出版形态的多元化

在数字媒体、互联网技术高速发展的当下，童书出版的形式发生了明显的变化，新媒介语境下掀起了一场阅读革命，数字化已经成为阅读的一个首要趋势，传统出版业受到强力冲击，儿童出版物也遭受着前所未有的压力，为适应市场需求，童书出版必须适应技术的新变革，应对市场的新挑战。数字出版情况下，除了传统的纸质图书以外，还出现了可视听、可触摸的视听读本、绘本等图书形态，为儿童提供了更加全面、立体的图书阅读方法。然而，相较于儿童不断表现出的图书阅读特点而言，这些图书出版形式仍然显得有些滞后。基于此，童书出版要从图书出版形式入手进行创新，为少儿提供多样化的图书阅读方式。例如，可以通过数字化的印象出版形式来为儿童提供文字数量多、信息量大的图书阅读方法，避免单纯文字阅读可能产生的枯燥感。

在国家新闻出版总署颁布的文件中，对数字出版作出如下定义：数字出版是指利用数字技术进行内容编辑加工，并通过网络传播数字内容产品的一种新型出版方式。在这场数字化转型中，大量数字少儿产品应运而生，以手机、平板、Kindle 等为代表的数字阅读形式不断深入中国家庭。数字出版从 2012 年开始运用到童书出版领域，短短几年，已经发展了诸多少儿数字产品，当前流行于市场的主要产品有少儿 App、少儿点读笔、少儿网络社区、少儿语音玩具、AR 图书等。在这样的数字化环境中成长的少年儿童，培养出了新的阅读习惯和阅读文化。因此，在这场由数字技术引发的出版大变局中，出版社纷纷进行数字化转型，提供丰富的数字出版产品以满足少年儿童的阅读需求。

在我国出版业数字化转型过程中，AR／VR 技术的发展最为瞩目。技术的发展总能带来新的媒介形态和传播方式，而新型媒介的出现又会派生出新的文化类形态和类型，出版产业也如此①。首先，在这场技术革新中，儿童出版物也发生了由全静态图文呈现向动态的立体转变。传统纸质儿童出版物时代，文字图画式的单一线性信息传播，儿童作为单纯的被动信息接收者，只需要调动视觉感官，便可感受静态的文字和图片，枯燥且乏味的阅读体验，往往消磨儿童短暂的注意力。增强现实儿童出版物时代，而基于增强现实技术的儿童出版物集视觉、触觉、听觉等多种媒体形态，创造性地应用于儿童出版物，跃然纸上的动物，可触摸的运动行星，360 度动态性的全新体验，瞬间掌控儿童的注意力。同时，童书出版也要向着交互性的方向发展，既为少儿提供内容阅读，也为少儿提供读后感想的分享平台，使少儿的阅读形成输入与输出相衔接的闭环。其次，增强现实类儿童出版物的交互，是一种人机互动，更是一种多模态、游戏化、情感化的交互体

---

① ［美］罗杰·费德勒：《媒介形态变化——认识新媒介》，明安香译，华夏出版社 2000 年版，第 66 页。

验，交互式幼儿阅读日益成为一种深刻影响儿童阅读习惯的行为方式。交互式幼儿阅读基于开发儿童主动性的立场，重视儿童对文本、作品的体验，以科技手段提供文本对受众的多维展示，促使儿童加深对作品的理解，强调幼儿对故事情节、结构与角色等因素的创造性把握，是一种流行于当下的深度阅读模式，也被广大家长所接受。再次，增强现实类儿童出版物正是在常态型、注意型趣味的基础上，强化内容与创意的互动，融合多种感官媒介形态，激发儿童深层次的阅读兴趣。所以，增强现实类儿童出版物可看作是我国童书出版形式的一个未来方向。

目前，市场上出版的主要应用形式有两种，一种是通过实体图书＋移动终端＋App 模式，即 3D 互动立体书，另外一种是实体图书＋摄像头＋体感控制器，即 AR 游戏电子书。3D 互动立体书，是书，更是玩具。它是把增强现实技术的软件安装在移动终端上，将摄像头对准图书中特有的标记，屏幕上就会显示出立体图像、动画以及视频等多种媒体形态为一体的 3D 情景，儿童可以与"活的内容"互动，更加生动、深入地了解和感受。例如在人民邮电出版社出版的《动起来吧！宇宙旅行》这本 AR 童书中，它提供了 7 个 AR 增强现实体验，能够立体展示行星画面，还能模拟宇宙飞行，让儿童乐在其中。游戏电子书，由体感控制器与无文字的标记构成，用户通过现实的体感控制器来操控计算机生成的虚拟画面。这个游戏的特点主要在于将真实的游戏环节加入书中，儿童可以在阅读时直接参与计算机渲染的虚拟游戏，在游戏中发现问题，解决问题，提高思维创新能力。

数字阅读是对传统阅读方式的一种反叛，也是业界认为的更贴近儿童阅读习性的一种阅读方式。当然，有一些学者也对儿童舍弃传统阅读方式提出一些反思,认为传统阅读注重培养的是儿童的深度阅读思维和沉静务实的性格,在培养儿童逻辑水平方面也能发挥强大作用,而数字阅读则是当下快节奏社会强加给儿童的阅读体验,阅读的碎片化、娱乐化都反映出当下阅读功利性的一面。这种反思不无道理,因此,在今后的家庭教育中,比较合理的是以数字阅读为引导,让孩子爱上阅读世界,但在阅读过程中注意平衡时间,鼓励儿童接触纸质书,保持传统阅读,让两种阅读方式都能在儿童的性格养成中发挥作用。

二 童书出版设计的审美化

图书出版是一种特殊的商品生产,其生产目的就是满足人们日益增长的精神文化需求。而童书出版更是因其受众群体的特殊而别具一格,所以在其装帧、封面形式设计上应该满足童书个性化的需求。面对受众的不同年龄段,细分市场,作多层次的出版定位,满足不同层次的读者需求。童书出版的个性化与读者的性别、年龄、地域等信息密切相关。同时,由于信息的高速发展,知识的不断更新,读者对图书需求的变化也呈现更强更快的发展趋势。相较于传统出版,个性化出版更加灵活,可以根据读者的需要,提供更加细化而周到的服务。大到内容、形式,小至字号、纸张,都可以根据童书特点进行设计,甚至可以实现个性化定制,做到每本童书都是独一无二的。"儿童性"是童书出版的基本属性,作为童书封面的设计者怀有一颗爱心和童心至关重要,为装帧艺术注入更多的"率真美"才能使童书封面更具艺术生命力和市场活力。

首先,童书的开本形式设计要符合童书出版装帧的美学化需求。开本是表示图书幅面大小的单位。当代的童书不仅有传递知识的功能，还有带给个人审美感受的作用，所以童书工作者们更加注重书籍的形态设计，以创意性和趣味性十足的图书设计使一本普通读物焕发新彩，让孩子在阅读的同时，获得独特的审美体验。开本的选择与设计，是书籍装帧者将自己对图书内容理解之后具象化的一个过程，所以不同的开本有着不同的艺术效果。在设计开本的形态时，要考虑到书籍的种类及内容，找到最适合的开本形态，才能使童书发挥作用。基于儿童的人体工程学的设计和口袋书的性质的考虑，小开本的童书受到了孩子们的喜爱，既能方便随意阅读，又可以当成一件玩具，这是前所未有的设计，这位设计师就是同年设计大师布鲁纳，他在设计《米菲丛书》时，特意将其设计成四十开的小本。

《米菲丛书》封面

后来，迪克·布鲁纳的"米菲兔"系列成为风靡全球的"幼儿的第一本图画书"，有一个长长的系列，但永远是固定的正方形小开本。这些设计师是想要让孩子明白，这些书专为孩子而设计。另外，大开本也有着自身的特点。书籍面积扩大为细节刻画提供了机会，但这种过大的尺寸与孩子们有限的视觉范围开始显得格格不入，大开本占据着孩童的视野范围，从而会产生强烈的视觉刺激，有这种感觉犹如孩子置身其中一般，这类非常大的童书适合亲子共同阅读，既培养了亲子之间的感情，也帮助孩子提升了专注力。在童书开本的销售中，个性化的异形书深受孩童喜爱。如1972年获得国际安徒生奖画家依卜·斯旁·奥尔森设计了童书《月光男孩》，尺寸是33.5cm×12cm，长宽比为3∶1，又窄又长，非常奇怪，但在阅读完故事之后就会发现这个故事是关于一个男孩从天上落到地上的故事，这样的形态正是表现了男孩从天上落到地上的坠落过程。修长的开本恰好表现了故事情节，极富特色地将读者带入了书中所营造的氛围之中。童书装帧不是一项机械化的操作，而是一项充满美感、富有艺术性的创意工作，这些设计将孩童的情感体验融入客观的外物之上，使孩子们一看到这本书的开本，脑子里立马产生出独特的情感激发和美学感受，产生想看、想买的欲望。再版始终创设有趣的符号，增添文本的意味性和趣味性。依此，也使读者在阅读过程中，以这些符号作为停顿、驻足的点，来获取片刻的思考或是适当的休息。这种各章节的符号运用所产生的视觉美感，都留下了思考的余地、想象的空间，既启迪了人的思维，又满足了阅读乐趣。

其次，童书的封面设计要符合童书出版装帧的美学化需求。阅读时，封面首先进入人的眼帘，好的封面可以招徕读者，使其对图书产生兴趣，一经阅读，爱不释手。童书的封面设计以其轻松活泼的特点，比其他的书籍更易创设出独特的艺术风格，展现独有的设计创意，在家长和孩子购买时，既能引起他们的购买兴趣，又可以起到辅助美育、传播艺术的作用。封面设计的基本元素包括文字、图形和色彩，关键点在于三者之间的组织形式，即构图。封面设计中，文字是必不可少的内容，包括书名、概括性小标题和出版社等；色彩力求鲜明，强化视觉效果，同时要具有装饰性，常用类似色或对比色，用色不超过四种，有主色调，可用黑、白、灰等中性色；图案形象浓缩了书的内容，可以运用具象、抽象、收回、摄影等方法实现。封面设计通过巧妙的立意和构思将不同形态的文字、图案和色彩置于不同的位置，从而产生出独特的视觉效果。但三者之间并不是简单叠加或是拼贴在一起就可以，这需要经过详细的设计，通过选取最直观、感人的、最易被孩子喜爱和接受的方式进行搭配和尝试。

　　儿童书籍封面的特点是设计构思活泼，色彩明亮，艺术手法新颖，充满孩童的天真和无边际的浪漫。这就需要装帧设计者带着一颗童心，以儿童的眼光去看世界，以儿童的审美情趣作为童书设计的切入点。儿童书籍是以孩童年龄为标准划分的，为学龄前儿童做封面设计要考虑到其心理特点，思想处于学习掌握具象世界的阶段，因此在设计过程中应该使用具象图形，色彩方面应该明度高、对比度也高，才能吸引到孩子的目光，帮助孩子去理解世界。7—9岁的孩子已经充满了对事物和外界探索的欲望，等待着接受大量知识的灌溉，对于这类儿童应该注重文化知识的讲授，同时又不能采取太过艰涩、难懂的表现手法，在风格上仍宜直白、简单。9—13岁是儿童身心发展最快的时期，这个阶段他们对于知识极度敏感，有了独立判断思考的能力，为这个阶段的儿童做封面设计，可以运用较为抽象、复杂的表现手法，并提供给他们多元的作品来发展他们的思维，建立他们对于世界的认知。同样，书脊作为书的"第二张脸"也与整体设计密不可分。

书脊要与封面、封底乃至护封结合在一起进行设计，力求做到元素、色彩、构思上的延续和呼应。独特之处在于书脊要更明确体现书籍的内容特性，并用有趣的艺术形式、直接的形象或者特殊的材质使得读者过目不忘，书脊的标识要明确清晰，具有强烈的视觉冲击力和符号意识，能第一时间抓住读者眼球。总之对于儿童书籍装帧的设计者不仅要具备艺术性的创意还要有强大的共情，能恰如其分地发觉儿童内心的创造潜力，使儿童书籍的封面能在知识性和艺术性上达成统一。

再次，童书的内页的编排与设计要符合童书出版装帧的美学化需求。一方面，童书的内页编排要符合童书审美需求。童书的内页由封面、封底、勒口、环衬（也叫蝴蝶页）、扉页、内文组成。勒口是封面封底向里折的两个折口，上面一般会有作者、绘者以及图书的信息。比如说《野兽出没的地方》这本书的前勒口上写着其曾获得1964年美国凯迪克奖金奖，后勒口上写着关于这本书的一些评价，这些信息会给读者一些阅读期待。翻过勒口是环衬，又称蝴蝶页，就是书前面位于封面与正文之间、后面位于封底与正文之间的两个对开页。大多数童书都有环衬，而且有些环衬设计得非常有意思，比如《猫头鹰学鸡叫》①一书中，他前后呼应的环衬其实是故事内容的一部分，不容忽视，否则，故事性就会大打折扣。第三是扉页（也叫主书名页），是环衬之后，正文前的一页。扉页上一般写着图书的书名、作者和译者以及出版者的名称，除了上述信息，图画书一般从扉页开始就有了图画。扉页虽是平淡无

---

① 前环衬画的是一个暴风雨之夜，在一幢小屋之前，小小的猫头鹰被雨淋得狼狈无比，后环衬背景与前面一样，但天已放晴，猫头鹰趾高气扬地走在前面，后面跟着一队母鸡和小鸡，屋子门还有一个人，拍着脑袋不解地看着这一切，让人禁不住替他想，咦，猫头鹰怎么会领着一群鸡？

奇，但作者会喜欢在这里设下悬念，吊足读者的胃口。

另一方面，童书的内页设计也要符合童书审美需求。其一，从色彩上看，中国儿童图书的排版在色彩的应用上多采用明亮丰富的颜色，如《红毛猩猩大越狱》封面，颜色对比度大，内容清晰，对于儿童来说，极易唤起儿童的读书欲望，也可以更好地衬托出内容，从一定程度上让书的使用性质有所提高。儿童书籍设计离不开色彩的装饰，由于此类图书具有知识性和趣味性的特点，故而封面设计的表现形式应该力求以亮丽的图谱主动吸引读者。但需要指出的是，色彩斑斓不等同于花里胡哨，不科学的色彩使用不仅不能达到吸引的目的，反而会对读者的眼睛造成损害。这一点上外国的童书设计可供我们借鉴，色彩虽不如中国童书的鲜艳斑斓，但充满趣味，柔和的色彩、可爱的插画融合文字更能引起孩子的兴趣，那么秉承将孩子需求放在首位的原则，童书的内页设计上，色彩使用应把握两个方向：适应儿童的欣赏心理，做到形式与内容的统一。

《美国国家地理·动物故事会系列》封面与内页

其二，从结构上看，童书的受众群不同，其设计形式和设计风格也不同。例如幼儿的童书版面不宜有太多的文字，可以用简单直白的方式来表达，即可以用简单的文字和图片相配再加上适当的空白就能够满足需求。如图中这款童书的设计，直白地表达达到了最好的实用与美观目的。对于年龄稍大一点的少年儿童来说，童书版式设计的图就起到了辅助作用，文字占据了主位，承担对内容的表达作用，满足少年儿童成长时期的知识增长需要。下面两张是国内的少年儿童百科图书，这个时候版面中的图片就成了辅助解释的一部分了，所以往往与文字分开，在版面结构上更趋于成熟。其三，从文字上看，汉字本就是能使人产生丰富联想和想象的载体，所以字体、字号本身的形，也通过质素人们的感官来表达情感。所以在版面编排是字体、字号的选择，要遵循两个原则：一是选择哪一种字体、字号，有利于读者阅读。二是要注意字体、字号之间的版面搭配是否具备美感。对于儿童来说，他们极易从不同的文字编排中获得丰富的想象力，因此，设计师对于童书的文字设计要更加图形化，有趣的文字排列方式更能引起读者的兴趣并获取书中内容之外的想象。国内典型的文字骈列方式是顺序排列，内容繁多，版面没有呼吸感，更无法让孩子专注地读下去。国外的图书做得比较成熟的一点是文字的字间距较大，每一页的内容不多，可读性强，在同一个版面上，文字有颜色和大小的差异，这种多样化和图形化的设计，让小朋友们更愿意去看这本书。

最后，童书的装订形式与材料要符合童书出版装帧的美学化需求。童书的装订形式分为两类：平装书和精装书。平装书指的是无线装订的图书，它的优势在于制作成本低廉，售出率高。精装书指的是以硬封皮装订起来的图书，相比平装书制作成本较高

《DK 儿童艺术百科全书》内页设计

昂。一般情况下，精装适用于这类图书的出版：精致图书馆版本、参考工具书、赠送版图书、收藏版图书，以及有市场潜力，影响广泛的各类图书。这类图书的特点就是已经有成熟的市场，其销售额不仅可以抵消额外成本，还可为出版社盈利。书店中大部分的书都是平装书，少数属于精装，如童书中的图画书童即属于此类书籍，一是由于精装版的图画书比较耐磨，较适合学龄前儿童的"暴力"翻阅。二是由于精装版的图画书拥有精美外表，便成为部分图画书"发烧友"的收藏之物。所以，童书的装订可以采取以下两种模式进行。

第一种模式是，童书的装订形式根据童书的受众群体及童书内容来决定。如若是其受众群体为学前及低龄阶段的儿童，童书主要是为了满足阅读兴趣，那建议将其装订为精装版。若是其受众群体为成人童书爱好者，童书主要是为了收藏及赠送，也建议将其装订为精装版。但若是受众群体为中学生，童书主要是为了满足阅读或物美价廉的需要，建议将其装订为平装版。

第二种模式是，童书的装订精装与平价并行，具体操作可借鉴国外的出版和经营模式，先以精装的形式和价位出现在读者面前，一年后出版社紧接着出版该书的平装本，这样既可以方便不同的需要，还可以进行广泛的阅读推广。这一模式较为适合当下的出版行业情况，精装书用来进行收藏，平价本可以扩大阅读范围，儿童不光是靠听觉和视觉感受世界，触觉也是儿童了解外部世界的一个重要途径。与其他书相比，童书材料的应用有着更多的讲究。书籍材料是指设计者在图书装帧过程中用来体现作品所选用的材质。材料的选择会对书籍装帧产生深远的影响，不仅关系到书籍的工艺、成本，还会影响到读者的触觉和嗅觉体验。书籍装帧中最广泛使用的材料就是纸张。书籍装帧中的纸张种类非常繁多，常见的有胶版纸、铜版纸、蒙肯纸、特种纸等，此外像布料、木材、皮革等也可以作为童书封面的辅助材料，如此丰富的材料选择加大了设计师的选择空间，使得童书的设计创意无限。如3—6岁的儿童，他们暂时没有形成阅读观，不能进行自由阅读，只能进行基本的图文阅读，所以设计师在选择纸张时要选取色彩表现力好、质地较厚的纸张作为童书材料。7—13岁的儿童，他们已经入学，课业负担较重，但阅读能力增强，所以设计师在选取纸张时应该选择色彩自然、反光率低、对眼睛负担小的纸张。儿童图书的设计理念在设计师发挥方面有很大的自由度，因此儿童设计师更需要坚守较高的道德准则和专业水准，针对消费人群的独特性，怀着一颗童心，从儿童的视角切入进行艺术设计，这样才能设计出知识性、趣味性与艺术性兼具的童书装帧作品。

当然，童书装帧设计除了要考虑到童书的创意及整体效果之外，还必须要考虑到童书的安全性。由于受众是青少年儿童，在材料的选择上更要注重安全、健康和环保。对于低龄阶段的孩子，一律要避免使用铜版纸作为童书的装帧材料，因为这类纸张硬度高，边缘锋利，容易给幼儿娇嫩的皮肤造成伤害。另外，在选择装帧辅助材料的时候，可以多考虑棉织品，因为其优质亲肤且无毒无害，还极具艺术特色。设计师选择既具安全性又有艺术性的材料符合童书出版装帧的美学化需求。在多元化的现代，书籍的设计也应该与时俱进，在遵守儿童行为规范与内容相对应的价值时，也要注意童书设计观念的更新，对童书艺术进行深层次的剖析和反思，探讨出有效方法，从而使儿童书籍设计真正让小读者在不断的阅读中提出审美需求，来确定未来童书装帧设计的发展方向。

第三节 产业层面的突围

随着新媒介童书技术的应用与发展，人们的阅读场景和体验方式日新月异，人们对于童书出版市场、阅读主体的需求、出版产品的定位、出版企业的价值链和整个童书产业的商业生态都进行了重新审视和思考，童书出版行业也迎来了巨大的变革与发展。一方面，整个童书行业的参与主体越来越丰富，出版商、家长、儿童教育工作者、热衷于童书的爱好者、专家学者等各种身份的人纷纷投入到了童书出版事业当中，这意味着影响整个童书出版的因素会越来越复杂；另一方面，处在一个互联网的时代，信息的快速传播，多媒体的广泛开发，都对一本童书的出版营销策略提出了新的要求，包括童书出版背后的商业资本运作策略等。童书出版的产业链不停地被延伸，童书的创作介质、面向对象、市场定位、发行渠道、营销方式等都在重新焕发生机。

一 完善优质人才培养体系

人才是决定其兴衰的关键性因素。但目前人才短缺和人才流失现象日渐成为阻碍童书出版业发展的关键问题之一。这种状况的出现，一方面是由于童书出版业自身转企改制后的快速发展；另一方面则是由于童书出版业在行业影响力、发展前景、薪资待遇等方面存在天然劣势，再者童书出版业内部的人才政策不科学，导致"留人难"。目前童书出版业中，原创作者流失严重，导致出版社无法对其进行长期营销，达不到良好的市场效应。行业人才的年龄、学历、知识结构等不合理，缺乏领军人物、专业骨干、精英人才、青黄不接等问题严重，特别是出版社中层的年龄断层问题也间接影响了童书出版业当下的发展。所以童书出版社建立人才培养机制，培养原创童书作者；完善人才队伍结构，健全创意人才培养机制是解决童书出版人才问题的重要方式。

一方面，培养优秀的原创童书作者，是实现童书出版人才突围的首要因素。进入 21 世纪以来，境外版权作品的火热引爆了童书市场，国内出版社的危机意识和商机意识觉醒。童书出版社不能再盲目追求出版物数量，而是应努力建立人才培养机制，培养原创童书作者，打造本土优秀童书作品，积极扶持本土新锐儿童文学作家。

培养原创童书作者，稳固畅销书核心作家群，重视新生代畅销书作家群。正如中国版协少儿读物出版工作委员会委员海飞说："我们的童书引进已经做得很好，过去我们羡慕国外世界级畅销书作家，现在我们自己也有世界级畅销书作家。"① 秦文君的

---

① 海飞：《中国少儿出版仍将处于"黄金时代"》，《中国新闻出版报》2012 年 9 月 7 日。

《男生贾里》、曹文轩的《草房子》、郑渊洁笔下的《皮皮鲁》《舒克与贝塔》及杨红樱的"淘气包马小跳"系列等作品，进入21世纪后新增发行量都远远大过20世纪90年代诞生时的发行量，其中塑造的儿童文学形象深刻地影响了一代又一代儿童。可以说，这是出版社试图打造本土畅销书的资本尝试。所以，在后续的时间里，童书出版必须要保留好这股力量，依靠核心童书创作者建立一支本土新锐儿童作家群。同时，重视培养新生代畅销书作家群。在中国儿童市场的多年培育及一代代世界级畅销书作家的熏陶与引领之下，我国童书界的新生代畅销书之星正悄然升起。一大批国内青年儿童文学创作者进入读者视野，成为儿童文学创作的新锐力量，如三三、刘慈欣、雷欧、王一梅等。雷欧幻像的奇幻冒险原创系列经典作品，长期占据少儿畅销书榜前十。他们积极与新技术新媒介交互融合，与"触屏一代"的认知喜好相契合，风格自成一派，作品日趋成熟。他们又为后续童书作者的培养提供了新的路径。

健全人才培养机制，达成童书作者与出版社之间的双向信任。出版社培育一名作家需要一定的时间，但受到市场影响，童书创作者追逐利益的趋向明显，挣钱成为童书工作者选择出版社的首要目的，重金挖才现象频出，导致出版社不能对作家进行长期营销，无法形成良好的市场效应，如此循环，并不利于童书出版业的长远发展。虽然现状棘手，但也不是不能解决。这就要求童书作者与出版社之间应达成双向信任，这种信任并非口头保证或是精神约束，而是应该具备实质性的内容，如制定明确的奖励标准，适当为做出成绩的创作者给予奖励。解决创作者实际的生活困难，提升其物质生活水平，激发童书创作者对于企业的热爱，这有利于在单位内形成良好的工作状态和工作氛围，很好地稳定童书创作群体。

提升管理者的管理能力和水平。人才队伍建设的核心在于不断提高现有管理层的整体素质，这样才能使人才队伍长期稳定地坚持下去。管理者的素质主要指的是两个方面：一是指管理能力，同属出版业的管理者所面对的人群是对于文字有着极大敏感度的作家，他们才思敏捷但多带有知识分子身上的傲气，所以，在管理过程中，尽量使用平等的身份态度去使对方感到自己人格受到了尊重，这会为后续的管理带来极大的便利。二指的是专业能力。孙中山先生说过："人能尽其才则百事兴"，人尽其才，各司其职这是我们工作的理想希冀，但现实往往是非专业人才做着专业人才的事情，这就要求童书出版业必须坚持了解相关知识，提升自己的管理能力，阅读相关书目，提升自己的专业素养。

另一方面，作为文化创意产业，出版的背后是创意，创意的背后还是人才。目前童书出版行业人才的年龄结构、学历结构、知识结构等明显不太合理，领军人物不足、专业骨干流失、精英人才奇缺、青黄不接等问题严重，特别是出版社中层的年龄断层问题也间接影响了童书出版业当下的发展。所以，如何建立一支高素质的、稳定的、文明的、和谐的人才队伍是当前童书出版业迫切需要解决的问题。

其一，管理层必须高度重视人才培养，主动完善人才队伍结构，健全创意人才培养机制。童书出版管理层的重视为企业内部加强队伍建设创造了有利条件，也为年轻人的成长提供了空间，这是有效稳定人才队伍的必要条件。管理层应将提高人才的专业素质和技能为突破口，加大培训力度，建立长效培训机制。童书出版是一项稳固化、持续化的工作，除了要遵循图书出版已有的出版条例以外，还要根据少儿读者的兴趣发展进行不断的提升，各出版社要通过拓宽编辑人才获得途径和强化对已有编辑人才培养两方面着手解决：一方面，以专业方向为参考从社会各领域挖掘对少年儿童成长有深入了解的专家学者，将其纳入图书出版人才资源库之中；另一方面，要加强对现有编辑人员的知识、技能和情感培育，使其深刻把握少年儿童成长规律，提升出版专业性。

其二，重视人才培养，完善人才队伍结构，形成独具特色的企业文化。出版的个性和特色不是一朝一夕就能形成的，需要长时间的积累和一代代出版人的传承。这是一个积累的过程，需要长时间的培养市场，需要大量人力、物力的投入。每个出版社都应该有自己的出版理念，一直坚持，并能培养出一批信服企业文化的童书工作者。企业要有所为有所不为，不能一味地迎合市场需求，要在坚持自己的出版理念和出版特色的基础上满足市场，不能盲目追求市场热点。如《谁动了我的奶酪》出版事件。当时一经出版，就出现了热销，取得了良好的社会效益和经济效益，但也催生出了许多盲目跟风。这样的行为短期内是使得童书企业获得利益，但从长远来说，这种行为并不利于出版市场的健康发展，同时也使大多数出版社在跟风的同时失掉了个性，泯然于出版泡沫。因此，出版社要拥有鲜明的出版理念和准确的出版定位，形成独具特色的人才队伍。

其三，尊重人才，要有合理的人才管理制度，能为童书工作者提供一定的工作空间。第一，传统图书出版编辑应对大数据时代挑战的对策，正确地看待现代的数字出版形式。现如今来看，我国并没有为数字出版形式提供完善的法律法规保障，特别是对于网络文章和相关的电子出版刊物，没有较好的法规进行规范。在这样的形式下，图书出版编辑应积极总结行业的发展趋势，然后对数字出版有效地进行规划和制约，促使数字出版的稳定发展。第二，科学归纳和整合出版资源。比如，出版编辑人员要先了解相关的先进技术，将有用的软件与实际的行业应用相结合，这些软件可以是一些有效率的校稿软件，或者是标注性质的软件。编辑人员通过掌握这些高科技软件，以此提高图书出版的效率，同时也可以将专业素养展示出来。但在软件进行标注校对之后，工作人员依旧需要进行二次审核，将文章的语法和架构进行整合和验证，避免出现问题错误，这样才能有效地提高图书的质量水平。第三，有效地更新编辑工作的流程。在实际应用过程中，传统的图书出版方式要经过编校人员对稿件的多次校对、编辑，但这样的过程显得烦琐，且不能保障图书编辑的准确程度。所以，在实际操作中，要结合大数据时代下的科技产物，编辑人员要善于使用各种二次审核的软件。将这些软件很好地应用到出版编辑中，可以使错误率下降，切实地提高图书的内容总体质量，给工作人员提供一定的便利，降低相对应的工作量，使编辑工作更加有效地进行。

其四，管理层需要做到的是关注青年人才的成长，知人善任、任人唯贤，通过事业和待遇留人等方式，降低优秀人才的流失率。一方面，青年人在刚踏上工作岗位时，都是踌躇满志，心怀希望的，这时一定要让他们在自己的工作中找寻到价值，能满足自我的精神需要，在任用选拔过程中，大胆提拔优秀的新人，让年轻人更有干劲。另一方面，单位必须尊重人才的合理需求。

物质需要是人的一切需要的基础，是人类生存发展的第一需要，单位要保障职工的待遇。可任意实行新的人事分配制度，将待遇与工作成绩、工作量、岗位级别紧密挂钩，适当有一定的奖励机制，提高职工的工作积极性。若有条件，可为职工解决一些棘手的生活问题，经常进行一些茶话会、座谈会等来沟通交流思想，联络感情，增进同事们之间的了解以及对于单位的感情，提升职工的归属感，进一步激发他们对于工作的热爱，在单位内形成良好的工作氛围。

二 优化童书出版产业机制

从童书编辑到出版发行，从产品定位到市场营销，从文本创作到技术融合，童书的产业化程度与市场化程度、技术化程度都在不断提高，这意味着我国童书出版的发展模式也要不断进行优化，以适应当前童书市场的激烈竞争态势。尤其在当前数字时代的大背景下，以一种媒介融合的思维打造童书的产品意识，推动出版技术商和出版内容商两种产业链的业态融合和渗透发展，完善童书产品的增值服务和售后服务，从而形成较为完整的出版产业模式，是当前童书出版产业化发展的必然趋势。

立足市场定位，制定个性化媒介融合出版方案，完善出版公司的区域战略规划。伴随着数字童书的强势发展，越来越多的出版机构进行了媒介融合的童书探索与尝试，但相对于整个数字童书的庞大出版规模而言，真正的精品数字童书出版还未形成一定的规模，个性化的、规范的、可持续的商业出版模式也一直在探索当中。不可否认，互联网思维的发展催生了个性化出版和阅读，儿童出版物的产品形态发生了巨大变化，但是童书的内容为王的本质不曾改变。① 这不仅要求童书创作要立足纸质文本的内容需求进行媒介融合，还要求童书出版机构要立足市场需求制定自身的个性化出版方案，明确自身的出版优势和特色，精准定位市场面向对象，从而对资源配置、融合方式、介质选择等具体方案进行策划。以福建少儿出版社和明天出版社（原山东少年儿童出版社）为例，前者依托自身原有的教育出版优势和海峡区域优势，着力打造了海峡儿童阅读推广研究中心，对少儿教育类童书进行了推广开发，建立了线上儿童阅读平台，开展了一系列针对少儿阅读的线上讲座与针对中小学老师的教育培训，致力于为15岁以下的少儿读者进行阅读书目推荐和阅读生态建设；后者则发挥自己老牌童书出版机构优势，率先引进一批国外优秀童书，继而立足自身出版儿童文学和科普类童书的原有传统，着力打造本土经典儿童作家系列，先后打造了杨红樱、曹文轩、秦文君系列畅销童书，获奖无数。显然，对于出版机构而言，依托自己原有的优势或强势出版资源，量身制作适合自己的出版方案，秉承着内容创作的个性化理念，利用互联网媒介完成自身的线上线下资源的双重配合开发，不断提升自身的创作力，而非盲目跟风，才是新媒介语境下该有的发展之道。

立足技术研发，全力打造童书多媒体复合出版平台，对优质产品进行多介质开发。技术是第一生产力，是推动出版改革的根本动力。童书出版机构加大数字化技术的研发和复合平台的打造，才能实现媒介融合的纵深推进，创新童书出版形态。从纸质

---

① 何孝清：《互联网思维模式下童书融合出版的实践与思考》，《出版广角》2019年第9期。

书到 AR 童书，虽然童书的多媒体动画效果应用技术日臻先进，但是阅读主体与童书之间的互动性要求一直都是各种形态童书无法绕过的问题，甚至伴随着童书媒介技术的进步，对人书互动性程度的要求也与日俱增。在这种情况下，提高童书数字化的交互作用成为童书技术研发的未来趋势。不同的媒介形式交互，开启全新的阅读体验和阅读方式，从而吸引读者的阅读兴趣。

以奥斯卡最佳动画短片奖获奖作品改编的同名童书《神奇飞书》App 为例，这一作品是以动态绘本作为概念的童书创作。所谓动态绘本，便是指绘本的媒介载体从传统的纸质载体转化为了 iPad、触屏手机等智能电子产品媒介载体，充分利用数字交互技术设计，让阅读主体实现一种身临其境的阅读状态。在《神奇飞书》中，大量精湛的动画交互技术与智能电子产品配合，打造出了全新的视觉效果和阅读体验：随手扫动屏幕，树叶会随风翻飞；手指旋转滑动，建筑物会随之调整方向；手指填充对应区域，画面色彩随之丰富起来……这种动态童书的设计，极大地吸引了儿童的操作与阅读兴趣，儿童跟随故事情节一步步闯关完成阅读任务，在探索与发现中获得了知识性与趣味性。因此，对于童书出版机构而言，运用高新技术实现童话书衍生出的动画、音频、互动等创意环节的多媒体开发，赋予纸质童书更为丰富的阅读价值，完全可以实现线上产品与实体产品的良性互助，共同发展。同时，这也意味着童书出版商不再是单纯的内容提供者，还是信息服务商，版权所有的范围进一步拓展，文字版权、音频版权、改编版权等一大批知识付费项目可以实现创收。

立足业态融合，不断拓展出版产业链，形成多产业联动长效发展模式。客观来看，我们已经进入了一个"互联网＋"的时代，人与人之间、物与物之间都息息相关，不同的产业边界越发模糊，产业业态交叉成为一种常态。在这种情况下，童书出版产业的链条一直在延伸，新的经济增长点一直在出现，童书出版的长效发展模式和行业战略布局显得尤为关键，因此出版机构要从业态融合和全球文教事业发展的大局意识出发，进行童书出版产业链的多元拓展。一方面，童书出版可以在出版主业之外，不断开发衍生产品，将各种出版要素进行多元重组，实现出版物的价值最大化开发。如少年儿童出版社的《十万个为什么》《鳄鱼爱上长颈鹿》等经典童书的有声读物、互联网教育幼教云平台、舞台剧都已经被成功转授，并与外国童书出版机构签订了商品授权。这样一来，作品的周边产品和产业都会被带动起来，与童书内容相关的玩具、游戏、文具等产品也被迅速地推向市场，出版机构与不同的衍生品制作企业建立了一种利益共享、产业共生关系的平台，共同营销推广图书名牌。

另一方面，拓展童书多元化项目融合，尤其是与基础教育教辅平台的项目进行合作，开辟长期稳定的产业经济增长点。现有的童书多是重在针对课外阅读进行开发，但是新媒体童书出版技术在促进儿童认知效果方面具有传统图书无法比拟的优势，因此完全可以与校内教学设备配套使用，积极探索"出版+教育"的项目合作手段，实现童书出版产业链的外在拓展，并进一步缩小不同区域的数字鸿沟，促进教育公平。在此基础上，加快英语类童书产品与配套线上产品的开发，不仅旨在提升幼教的英语水平，而且致力于面向全球的产业链布局。从童书出版媒介的开发，到将童书数字化技术与教育平台结合，提供儿童教育的产品服务，再到全球优质童书的海外输出，童书出版行业的商业模式不断在创新，始终以一种开放的姿态在全方位拓展产业链。这不仅是童书出版行业的生存路径，更是童书出版行业未来的长期发展趋势。

用一种产品的发展带动一堆产品的发展，用一个产业的发展联动一个产业集群的共同进步，童书就是这样的产品，童书出版产业就是这样的产业。在技术更迭的影响下，童书出版行业正在经历着前所未有的媒介融合变革与挑战。这是无法避免的现实，但是也催生了童书出版行业的生机。对于出版机构而言，面向全球化的市场竞争，能做的只有秉承产业化的大局发展意识，制定适合自身发展的出版策略，夯实自身的核心竞争力，打造中国名牌童书产业；实现各种出版元素和衍生产品的互相连接，加快打造立体开放的产业价值链和产业集群优势，这是童书产业化发展的应有之义。

三　推动中国童书海外出版

严格来说，中国近年来图书出版行业的贸易顺差比在逐渐扩大，其中很大一部分是由少儿童书的海外出口贡献的。相对于成熟较早的西方童书出版市场而言，中国的童书出版产业还不够发达，但是在全球化的语境下，中国童书必须要站在世界的舞台上与其一较高下，这就对中国本土童书的海外市场拓展提出了更高的要求。更重要的是，童书的海外出版是文化软实力和文化自信的重要象征，是跨文化传播的有效路径，更能够快速提升中国原创童书的市场竞争力和全球影响力，必须加以重视。而正如前文所述，中国当前童书海外出版存在的主要问题可以总结为世界童书市场话语权不够充足、中国童书原创力不足和海外出版机制不完整等几个方面，因此中国童书海外出口就需要针对性的解决这些问题，进一步拓展童书出口渠道。

针对中国童书在世界市场话语权不足的问题，对外可以积极参加海外知名书展，提高世界童书市场的参与度，对内可以举办本土优秀童书巡展，吸引世界优秀童书出版机构参与，从而提升中国本土童书出版行业和童书品牌的世界影响力。

以博洛尼亚国际儿童书展为例，作为一个一直以来都由西方国家主导话语权的国际童书展，中国童书出版行业在这一书展上的影响力越来越大。从2013年中国少年儿童新闻出版总社首次独立组团参展，实现57项版权输出，到2014年数十家出版机构参展，实现数百项版权输出，再到2015年安徒生童话奖首位中国评委吴青教授获选，直至2018年作为主宾国举办第55届博洛尼亚书展。一方面，中国童书在国际知名书展上的影响力持续提升，越来越多的中国人面孔出现在国际出版市场中，中国童书的版权贸易输出呈现出了从东亚地区扩至欧美地区，从华人核心文化圈向西方主流文化圈拓展的趋势①。这无疑为我国童书出口的整体布局提供了市场参考，即在"一带一路"的政策空间中，与沿线相近文化圈的国家开展文化合作，进行市场优势互补和产业链建构，实现多元贸易和互利共赢。扩大相近文化的文化集中优势，抱团取暖，共同扩大世界影响力。另一方面，争取创办国际知名书展和中国文化特色书展，吸引海内外优秀童书出版机构参展，加强与世界童书市场的沟通交流，并趁机展示中国童书的创作风采与出版特色，赢得国际同行的尊重与认可。

---

① 金元浦、崔春虎：《中国对外出版版权交易年度发展研究——现状、问题、特征与趋势》，《湖南社会科学》2014年第3期。

针对中国出口童书原创力不足的问题，则需要具有国际化出版意识和出版水平的专业队伍，全力打造能够参与世界童书市场竞争的本土原创童书品牌。其一，在众多出版图书类型当中，童书是受意识形态影响最小的一种，因而也最容易赢得不同国家读者的共鸣，实现纯粹文化层面的交流与传播。由此，童书出版主体有极大的机会站到国际童书市场，与国际童书出版精英展开国际化交流与专业化合作，学习不同国家的出版模式和实操流程，取长补短，这是迅速提高我国童书出版从业人员业务能力的捷径。其二，从根本上努力提高童书创作的自主创新能力和数字技术的自主研发能力，进行优势产品的多维研发，打造中国特色的童书出口品牌，利用品牌导向和品牌运营优势打造具有跨文化吸引力的童书作品。其三，加强专业童书翻译人才的培养。童书走向国际市场，需要与国际接轨，而将汉语童书翻译转换为目标输出国的语言则是重中之重。对于童书而言，翻译并不仅是语言与语言的简单转换而已，更是一种文本的再生产和文本的再阐释。基于不同的语言规律、语言习惯和文化烙印，不同语言之间一一对应的词汇翻译很难实现，这就需要翻译者了解双方的语言规律、使用习惯和文化思维，在两者当中找到能够契合的表达方式。这意味着我国童书想要占领海外市场的话，必须有目的、有方向、有计划地培养童书海外翻译者，提升其翻译的准确性。

针对中国童书出口机制不完善的问题，则要不断丰富童书海外出口模式，加强与海外出版机构的合作。中国的童书出口形式主要包括童书实物出口和童书版权贸易：前者是一种以童书实际进出口册数为计量单位的货物贸易，目前中国童书这种实物出口是以低价铺货为主，应该归为童书出口的最初级模式；后者则是一种知识付费贸易，目前中国童书的这种版权输出虽然还未能与版权输入持平，但是版权输出的比例一直在提高，应该归为童书出口的高级模式和主要路径。显而易见，丰富版权输出类童书的出口模式是童书海外出口的重要途径。具体来看，近年来比较成功的典型童书版权输出模式有设立海外机构、预约式出版和共同策划出版等①。这些模式都是建立在中西合作基础上的童书出版模式，也是全球化语境下童书海外出口从产品销售转向版权贸易的必然选择。

其一，国内出版社可以设立海外分支机构。海外分支机构作为国内出版社在海外市场的根据地，一方面，主导权和话语权还在国内出版母公司，资本输出和版权输出都可以得到极大的保障，规避了版权贸易过程中外部资本渗透的风险；另一方面，海外机构对于所在地区的市场熟悉度高，出版人才也多以当地人为主，能够最大限度地克服童书出口时水土不服的文化差异现象，降低童书出版的成本。其二，可以根据海外童书出版机构的出版需求，进行预约式出版。海外出版机构会依据自己的市场调研提出需求，国内出版机构进行出版设计，两者各自依托自身的资源优势，将童书的出版成本进一步降低，完成了资源的优化置换。这种合作模式的版权大部分还是在国内出版设计公司手里，在进行资源置换和完成双方约定之后，国内出版机构还可以进行改编创作和再版。其三，国内出版机构与海外出版机构的可以共同策划出版。不同的参与主体分工合作，强强联合，版权共有，互利互惠，取长补短，是全球化语境下童书出版行业发展的常用模式

---

① 申琳：《中国童书如何更好地"走出去"》，《出版广角》2017年第11期。

之一。这种模式兼顾了国内国外两个市场，作者和选题都趋于国际化，作品往往更具有文化包容性和国际认可度，在促进跨文化传播层面上的意义是单个国家进行运作所无法比拟的。

当前国际童书出版市场依然是处于西方话语价值体系，作为不同话语价值体系的中国童书出版想要在国际市场上占有一席之地，往往需要付出更多的努力。伴随着中国综合国力的提升，对于文化软实力的提升要求也与日俱增。中国童书出版走出去作为文化传播的重要一环，在强大自身国际竞争力的同时，更要肩负起历史使命和社会责任。在此基础上，我们要增强文化自信，以一种开放的大局意识着眼于童书海外出口的布局，以一种全球人类命运共同体姿态迎接来自世界童书市场的挑战和合作。同时，还要立足我国童书出口的实际情况，促进童书海外出版从产品销售转向版权贸易。版权是童书产品的生命，拥有了版权授权，童书出版产业的销售链条和衍生产品才能进行合理运作和销售，才能长期稳定发展。由此，进一步完善版权法律法规相关制度，增强全民版权保护意识，显然也是推动中国童书海外出版的保障之一。

第六章 童书出版与良性阅读文化建构

"对于儿童来说,读到一本好书,是一种特殊的体验。愉快地享受了阅读的儿童在此过程中得以成长,而他的个体也注入了某些新的内容,现在的他将更容易接受新的理念,这一切都将照亮他接下来的全新历程,他获得了某种持久永恒的东西,没有谁能将他带走"[①];"对于出版业而言,阅读仍是一个根本性的问题,是发展的动力"[②]。诚哉斯言,阅读对于儿童成长至关重要,对于童书出版行业亦是如此。况且,从童书出版的困境原因和突围路径来看,童书出版行业的兴衰与儿童阅读文化的建构息息相关。当下童书出版是以童书的市场价值作为主要导向的,儿童良性阅读文化建构则是以童书的人文价值为核心的,二者冲突会加剧童书出版行业的困境,二者融合会促成童书出版行业的良性发展。显而易见,童书出版与阅读文化是一种相辅相成的关系,二者互相依赖,互相牵制,甚至存在互为因果的张力。童书出版行业可

---

① [加]李利安·H.史密斯:《欢欣岁月》,梅思繁译,湖南少年儿童出版社 2014 年版,第 6 页。
② 黄先蓉、罗紫初主编:《数字时代出版产业发展研究》,高等教育出版社 2007 年版,第 230—231 页。

以助力良性阅读文化的建构，为儿童提供良好的阅读空间，而良性阅读文化的建构是童书出版的人文价值导向和形而上层面的理想追求，更是童书出版行业建立可持续良性发展出版生态的关键。因此，一方面，儿童良性阅读文化的建构需要童书出版行业的有力支持；另一方面，回到童书作为文化产品的本位主义立场来看，童书出版的核心价值观最终还要落脚到童书的人文价值追求上。那么，童书出版行业要想获得长足发展，必须要同步建构起儿童的良性阅读文化。

第一节 净化儿童阅读空间

仅依靠出版主体的人文主义情怀和出版热情是很难支撑起整个出版行业的良性运转的，如何实现童书出版行业从高速发展到高质发展的转变，显然更需要依赖童书出版行业完善的出版机制，而完善的童书出版机制能够净化童书出版市场，为儿童阅读提供更好的阅读空间。结合前文童书出版行业存在的困境分析，我们必须要进一步建立完善的童书出版机制，让童书出版市场趋于规范化，以期为建构良好的儿童阅读空间提供有力保障。具体来说，政府政策和出版法律法规对出版市场的有效干预，童书编辑出版人才的专业化培养、出版企业的市场主体地位确立、出版市场的资源优化配置等，都旨在建立一种良性的出版产业机制。这些出版机制共同作用于儿童阅读空间的优化，最终为实现童书行业的良性发展和儿童阅读文化的良性建构夯实了基础。

从童书出版产业的产业链环境建设来看，童书出版是在国家一系列出版产业政策的保障下，顺利推进了出版体制的产业化改革,才得以迅速发展的。① 在早期,国家一直是以事业单位实行企业管理的模式来进行出版单位管理的,政府的管理职能与企业的管理职能是结合在一起的。直到20世纪末期我国市场经济体制建立之后,对出版行业进行了体制改革,实行了政企分开管理的体制:公益性的文化出版事业和官方的出版机构由国家和政府负责运营,经营性的文化出版事业和私人所有的出版企业由企业自行运营。由此,童书出版行业的事业单位性质和企业性质都得到了确认。在此基础上,社会主义市场经济体制下的童书出版行业,逐渐转换成为由市场进行资源配置的经营性产业,出版企业的市场主体地位也逐步确立起来。这些出版企业按照现代企业管理制度进行经营管理,使自身成为自负盈亏、自主经营的市场主体,不仅构建起了新型的出版市场体系,形成了有序的现代图书市场,而且逐渐淡化了出版行业原来的市场行政区划和计划出版色彩,加大了市场的开放程度,为童书出版行业的多元发展提供了基本前提。

但是,社会主义市场经济体制的前提依然是要遵循国家的宏观调控政策,童书出版行业的发展和出版体制的改革亦然;而且,伴随着童书出版企业的市场化程度越来越高,童书出版企业之间的竞争也越发激烈,片面追逐商业利润的无序竞争成为现代童书出版市场的一大弊病。在这种情况下,加强国家对于童书出版行业的宏观调控和法制管理成为建立良性出版机制的基本保障,亦是净化童书出版市场和儿童阅读空间的有效措施。

第一,在尊重出版企业市场主体的独立性前提下,加强国家

---

① 黄先蓉、罗紫初主编:《数字时代出版产业发展研究》,高等教育出版社2007年版,第544页。

对童书出版行业的宏观政策调控，建立良好的童书出版产业政策环境。在宏观出版政策的制定和落实上，要强化管理部门的服务意识和监督职能，弱化管理部门的行政干预意识，推进出版行业相关政策法规的落实力度，重点关注童书内容的意识形态导向和出版主体的精神文明建设问题。具体而言，"政府依据出版产业发展的内在规律要求，为更好地发挥出版工作的社会作用而制定的，协调出版经济运行和处理出版领域经济关系的基本方针和准则，称之为出版经济政策"①，而出版经济政策则主要包括价格政策、税收政策、财政政策、稿酬政策②等。童书出版作为我国出版产业的重要组成部分，其出版经济政策的制定显然适用于上述范畴。

在价格政策层面，以往童书出版产业要么存在保本微利的问题，依赖国家的财政补贴和政策扶持生存，主观提升产业发展空间的能动性差，要么存在按照定价利润率来制定书价标准的问题，有悖价值规律，阻碍市场竞争。面对这种情况，"放开书价"成为国家制定价格政策的出发点，让童书的价格通过市场来调节，这并不意味着国家失去了对童书价格的管理权。当下的童书市场显然是"买方市场"，多元化的童书类型和激烈的市场竞争状况一直让童书的定价趋于一种平衡状态，童书的价值与价格在价值规律的作用下很难出现较大的异常浮动。那么，国家的对于全行业的价格政策干预逐渐淡化，主要集中在对一些公益性特殊童书的价格补贴上。同时，国家可以进一步下放定价权，书店、

---

① 罗紫初：《中外出版经济政策比较》，《大学出版》2004年第1期。
② 吴江江等：《中国出版业的发展与经济政策研究》，湖北人民出版社1994年版，第67页。

出版集团可以自主定价，依据市场趋势灵活定价，增强出版主体和销售主体的自主决定权和主观竞争意识，能够带动整个童书出版行业的活跃发展。因此，国家对于书价政策的调整，可以以减少强制性政策干预为主，利用柔性价格政策和实施价格监督措施来完成对于市场的价格监管和宏观调控，积极配合市场调节，激活童书出版市场的良性竞争态势。

在税收政策层面，以往的税收政策主要存在出版业赋税过重和税负平均化的问题。① 出版税负过重加剧了整个出版行业的负担，迫使图书定价水涨船高，购买成本提升；税负平均化则是对图书类型进行无差别的征税，那些社会价值低、盈利价值高的图书和社会价值高、盈利价值低的图书税率是相同的，这显然不利于后者的发展。而童书作为社会效益大于经济效益的特殊类型，如果在同等税收政策下，跟利润空间较大的图书争夺出版市场份额，显然会处于被动局面。因此，国家针对童书出版行业，可以尝试降低出口关税税负，给予优惠减免政策，鼓励中国图书出版走向国际市场，扩大国际市场占有份额；在国内市场，则可对童书这类产品实行差别税率政策或者税收倾斜政策，鼓励支持出版这类社会效益高的作品，以示国家对于童书出版和儿童阅读的重视。这样一来，童书出版产业有了成本相对优势，而出版主体也会被政策所引导，加大对童书产品的研发和出版，进一步推动我国童书出版产业的蓬勃发展。

在财政政策层面，国家可以进一步完善出版基金管理和募集

---

① 罗紫初：《中外出版经济政策比较》，《大学出版》2004 年第 1 期。在此文中，作者对比了包括中国在内的 16 个国家的出版业销售税率和销售赋税水平，中国的税率为 13%，相对赋税水平为 82.35%，税率最高，税负最重。

政策。杜恩龙认为："一方面，政府可以直接加大资金投入，设立各种公益出版基金；另一方面，政府可以通过政策与法规，鼓励民间资本投资，设立公益出版基金"①，这无疑指出了出版基金的主要筹措来源。而儿童作为祖国的未来和民族的希望，天然多了吸引全社会关注的优势，因此建议政府机构和民间投资机构设置童书专项出版基金资助项目，加大对于童书出版的支持力度，重点扶持人文价值高而难以盈利的童书类型。在此基础上，扩大童书出版专项基金的遴选对象和申请范围，使更多出版主体可以有机会参与到出版基金项目的申请当中。同时，应创办由政府主持、基金会管理、出版行业专家监督的童书出版基金会管理机制，制定严格的基金使用和审批程序，确保基金的使用对象和补贴对象符合标准，专款专用，严格执行，尤其要重点甄别资助对象出版童书的质量和价值。由此，童书出版行业多了资助出版这个路径，能促使一大批公益精品童书走向市场，为儿童提供更好的阅读机会和阅读体验。

在稿酬政策上，基于童书目前创作存在媒介多元化和童书创作质量良莠不齐的问题，稿酬政策的标准很难统一，因而存在高低悬殊的稿酬问题。王海涛在20世纪末谈到图书出版行业的稿酬问题时，就明言："目前的稿酬计付远远脱离了其内在价值，随意性太强，按质论价的原则得不到切实贯彻，部分出版机构在制定稿酬标准时，片面追求经济效益，而忽视了书稿的社会效益。"② 具体在当前童书出版语境中，除此之外，还牵涉到了当下

---

① 杜恩龙：《呼唤民间公益出版基金》，《出版参考》2004年第11期。
② 王海涛：《国家稿酬标准的制定及改进稿酬管理的建议》，《中国物价》1997年第6期。

童书出版的多媒介创作问题。多媒介一方面意味着童书的出版主体不仅是文本创作主体，还有技术创作主体，因而稿酬对象是多位主体，另一方面牵涉到了知识版权的付费问题。那么，国家版权局和新闻出版总署更应该与时俱进，根据实际情况及时调整稿酬的最高限制标准和最低保护标准，同时要明确不同类型创作主体的稿酬比例问题，尽量减少争端，促进创作主体之间的和谐竞争。同时，应该以一种"优稿优酬"的指导思想鼓励原创童书创作，避免稿酬过低或过高的问题，摆正创作主体与出版主体之间的权责关系，促进出版物优质高效出版。

不难发现，针对童书出版市场存在的问题进行针对性的出版经济政策调整，是建立良性出版机制的重要组成部分。出版经济政策的制定和调整直接影响到童书出版市场的走向和出版主体的队伍建设，不仅彰显了国家和政府对于童书出版行业强有力的宏观调控能力，而且揭示了只有宏观调控与市场调节相配合，优化市场资源配置，才能更好地助力童书出版产业良性发展。而当童书出版市场形成了良性发展机制，恶性竞争和劣质创作才会无所遁形，优质童书的生存空间得以扩大，那么儿童的阅读空间会被净化，阅读选择会被丰富。

第二，加强童书出版行业的法律法规制定和完善。伴随着形形色色数字童书的出版，儿童面对的童书出版市场也愈加复杂多样，尤其是一些不利于儿童身心成长的童书也趁机大量涌入市场，游离在法律的灰色地带。而儿童作为社会弱势群体，自我辨别能力较弱，极易受到不良童书的恶性影响。这就需要将其视为特殊的保护对象，制定完善的童书出版法律法规，净化童书出版市场，加强对儿童阅读的法律保护。针对童书出版行业的法律法规，不仅包括《印刷管理条例》《出版物管理条例》《互联网信息服务管理办法》等出版行业的相关法规，还包括《未成年人保护法》《义务教育法》等保护儿童权利的相关法律。这些法律法规互相配套，协调统一，形成了完善的童书出版法制管理体系，从而使童书出版各个环节基本上都有章可循，有法可依。值得强调的是，随着社会进步与童书出版产业的发展，这些法律法规也在不停地进行修订完善，近年来尤为重视对作品知识产权保护的相关法律法规修订。

要知道，随着童书出版从纸质媒介到数字媒介，从线下实体绘图到线上虚拟画面呈现，童书的出版形态发生了巨大的改变，这意味对于原创童书知识产权的保护难度也在随之增加，甚至一度会出现技术措施保护不到位和相关法律法规明确不到的空白区间。这种法律法规的空白区间，不仅会造成童书版权保护成本的提高，而且极易导致童书出版市场劣质盗版横行，正版童书生存艰难，最终导致阅读主体的阅读质量下降。在这种情况下，从2001年《中华人民共和国著作权法》的修订，到2002年《最高人民法院关于审理涉及计算机网络著作权纠纷案件适用法律若干问题的解释》对于数字出版物法律法规的司法解释，再到2006年7月1日正式施行的《信息网络传播权保护条例》，我国的出版法律法规都在围绕出版业的发展进行着与时俱进地完善。这些法律法规对于童书出版行业而言，不仅可以提供童书版权保护的法律依据，保护原创优质童书，维护国内童书市场的良性运转，而且可以增强我国童书的出口竞争优势，明确规定国外进口经典童书的版权所有和出版政策，避免引起不必要的国际出版法律争端，还能够从根本上保护出版主体和创作主体的合法权益。在法律法规的明确规定下，优质童书有了更好的发展空间，劣质童书的生存空间逐渐消失，整个童书出版市场有了保持良性出版态势的基本保障。基于此，法律手段是维护童书出版市场良性运转不可缺少的重要手段，更是完善出版机制的有力手段。

第三，稳步提升童书出版行业从业人员的专业素质，基于文化、市场和技术三位一体的智能结构，培养童书出版行业的复合型和创新型人才。一方面，随着中国出版产业和高等学校教育事业的高速发展，出版专业的人才培养规模获得了"超常规"的扩大，但是出版人才培养水平参差不齐，高校出版专业正处在一种深化改革的过程中①；另一方面，作为童书的出版主体，童书的编辑直接决定了童书出版的具体形态和营销模式，这是决定一本童书生死存亡的关键性因素。因而，培养适合当下童书市场发展的编辑出版人才，不仅是我国高校出版专业的人才培养目标，更是建立良性童书出版机制的关键。

进入 21 世纪以来，我国的编辑出版业取得了显著成就，年出版图书近 22 万种，市场可供图书已达 40 万种，570 多家出版社和新华书店建立遍布全国的发行网络和营销网络，连锁经营、物流配送等先进业态和经营管理方式在出版行业广泛应用等，而且这些数据呈现逐年上升的趋势。② 这无疑揭示了整个图书出版行业的基本发展趋势：市场竞争激烈、出版业态多元，童书出版也不例外。尤其是随着数字时代的到来，多媒介的出版模式成为童书出版的常态，童书出版各个环节的技术含量越来越高，出版流

---

① 黄先蓉、罗紫初主编：《数字时代出版产业发展研究》，高等教育出版社 2007 年版，第 104 页。

② 同上书，第 65 页。

程也趋于多元化和复杂化。由此，童书出版行业发展的新态势，对出版人才提出了更高的要求。

相对于传统纸媒时代对于童书出版人才的要求，数字时代对于童书出版人才基本要求的转变至少表现在三个方面：一是要求知识储备更为丰富，知识面更为宽广，既要具备人文社会科学和儿童文学创作的知识积累，以确保童书内容的人文主义价值取向，又要具备理工科的出版技术和业务经营管理知识，以确保童书进行数字化出版时的科学性；二是要求出版人员的技术处理能力更高，无论是童书选题资源的开发和文字信息的加工处理，还是线上营销模式的运用和数字童书的技术转化，都需要熟稔计算机操作和网络信息处理技术；三是要求出版业务的综合能力更高，编辑出版人员要在童书出版行业高速运转的情况下，快速处理童书出版的多媒介运用、童书出版的产业链互动和童书出版的市场推广等各种问题，这无疑需要强大的业务管理能力和系统协调能力。

那么，针对数字时代对于编辑出版人才的要求，我国高校编辑出版学专业对于人才培养的目标也具有了新的内涵，"以培养具有创新能力和创新意识的编辑出版人才为己任，是高校真正成为知识创新的策源地、先进生产力和先进文化的弘扬者、推动者，成为名副其实的'创新人才的摇篮'"。① 具体而言，在文化基础知识培养层面上，作为儿童书籍出版的编辑人员，必须要具备较高的儿童文学创作理论和编辑出版理论素养，那么就需要培养其掌握文学、语言学、文化及文化发展、经营管理、市场营销、

---

① 邬书林：《自觉地为建设创新型国家服务，争取出版业有更大的发展》，《中国图书商报》2006年6月20日第2版。

出版物编辑出版等相关人文社科理论，这是奠定未来编辑人才进行创新创作的文化根基；在出版业务和操作技术知识培养层面上，培养其熟悉并掌握当代童书出版和营销的技术的能力，借助媒介实体运作的实践仿真出版机制开展教学，培养其编辑实务和出版策划的基本能力，锻炼其就业和创业的基本技能，致力于打造实践性出版编辑人才培养机制；在创新能力培养层面上，着眼于编辑出版专业学生的全面发展，强化其主体作用，鼓励其进行编辑出版模式的多元化探索，培养其创新意识和创新思维，这是培养未来编辑出版人才核心竞争力的根本。由此，培养高素质的创新型编辑出版人才，能够助力童书出版产业的良性发展。童书出版主体在具备扎实出版编辑能力之后，与市场进行对接，采用创新思路来解决童书出版中存在的各种问题，从而与购买主体、阅读主体形成良性互动，共同发展，旨在打造出良性的童书市场和阅读空间。

总之，不管是国家宏观政策的支持，还是童书出版相关法律法规的完善，抑或是出版编辑人才队伍的专业化建设，都在致力于建立一种良性的童书出版机制。这种出版机制全面渗透了童书出版的各个层面，回应了童书出版困境的突围路径，是促进童书出版良性发展的基本保障，足以为童书行业的发展提供无限的创造和发展空间。而从儿童阅读文化建构上来看，这些机制的进一步完善，意味着童书出版市场可以进一步规范化，越来越多的低质童书会被屏蔽在市场之外，那么越来越多的优质童书就会有更大的生存空间。对于儿童而言，这无疑意味着其阅读选择和阅读质量都可以得到保证。换言之，良性童书出版机制的建立，不仅保障了童书出版市场的良性运转，而且为儿童阅读文化的建构提供了有利语境。

第二节 助推良性阅读文化

"20世纪90年代后期至21世纪初,由于社会、经济、科学和文化的高速发展,出现了世界范围内的全民阅读高潮,建设学习型国家、书香型社会成为时代发展的潮流。"① 在这种背景下,作为祖国未来与希望的儿童天然地具有建构良性阅读文化的优势,儿童阅读成为全民阅读的重中之重。从连环画到绘本,再到AR童书,童书的出版形态越来越丰富多彩,全民对于儿童阅读的关注度也越来越高,尤其是对于儿童阅读实践的参与度日益提升。一方面,童书出版形态的多元化发展,促使越来越多的阅读方式和阅读推广模式成为可能,那么儿童的阅读选择和阅读习惯也日益多元,儿童良性阅读文化的建构模式就有了多元化选择;另一方面,童书出版形态越发多元,对于阅读主体的要求也越发复杂。在这个过程当中,儿童作为阅读主体,仅依靠自我有限的认知能力已然很难进行童书的阅读,必须要借助父母和老师等人的辅助和引导才能进行阅读,这成为儿童阅读可预见的未来。这不是仅仅用童书出版中儿童本位观缺失就能解释的问题,而是儿童阅读越来越注重、也越来越需要一种全民参与的阅读氛围。由此,从家庭到学校,再到图书馆和社会公益阅读组织,都需要在儿童阅读中扮演着不同的角色,也都达到了一种"全民阅读从娃娃抓起"的共识。基于这种共识,立足于儿童的具体阅读情境,

---

① 徐雁、李海燕主编:《全民阅读知识导航》,南京大学出版社2016年版,第182页。

目前儿童阅读文化的推广和建构模式主要有以亲子阅读为模式的学习型家庭阅读文化建构、以书香校园为宗旨的校园阅读文化推广、以全民阅读为目标的书香社会建设，这些共同构成了儿童的良性阅读体系。

第一，立足多元童书出版形态，建构以亲子阅读为模式的学习型家庭阅读文化。

对于儿童而言，从他们来到这个世界上开始，就要通过不同的桥梁不断延展自身的个体精神与这个客观存在的世界进行交流联结，阅读就是儿童认识世界的众多桥梁之一，而且是最为有效的一条桥梁。通过阅读，儿童将会获得一个远超自我生活体验的感知空间，从而获得持久丰富的自我内化教育感受。客观来看，儿童的这种阅读不可能甫一开始就得心应手，而是需要成人的科学引导。家庭作为儿童的主要活动场所，父母作为儿童最早的老师，也是陪伴儿童时间最久、与儿童最为亲近的人，因此儿童良好阅读习惯的引导和良性阅读文化的建构首先要从家庭的亲子阅读开始。要知道，亲子阅读在启发儿童智力方面，不仅是完成了对童书文本的知识内容输入，更是实现了亲子之间的交流互动，锻炼了儿童表达、倾听和思考的能力。同时，家长言传身教的示范作用，儿童更容易耳濡目染，父母如何读一本书，其阅读习惯、阅读风格和阅读阐释，都会直接影响到儿童对应的阅读习惯、阅读风格等的形成。从这个层面来讲，"父母传导的不仅仅是阅读的机制和策略，还有建立在他们以往生活经验基础之上的世界观、价值观的投射，这也形成了不同家庭背景下的阅读风格和亲子互动模式"①，这正是亲

---

① 张晓怡：《不同亲子阅读策略对3—6岁儿童图书阅读能力的影响》，硕士学位论文，陕西师范大学，2008年，第35页。

子阅读的意义所在。

　　在明确了亲子阅读的重要性之后，如何建构良性亲子阅读模式成为亟待解决的问题。家庭阅读环境的营造是阅读的前提条件，亲子阅读离不开家庭阅读环境的营造，而家庭阅读环境的营造一般分为两部分：人文环境营造和物质环境营造，前者需要家庭成员共同营造出和谐的生活氛围和浓厚的阅读氛围，后者则离不开家庭阅读环境的创设和阅读材料的选择。① 两者相得益彰，互相促进。良好的人文阅读环境可以最大程度的利用好阅读空间和阅读材料，促进亲子之间的情感交流与家庭幸福感；而良好的阅读空间和阅读材料则能激发儿童的阅读兴趣，寓教于乐，建立和谐亲子关系，为构造良好的人文阅读环境奠定坚实的物质基础。因此，儿童亲子阅读的良性家庭阅读文化建构必须要从人文阅读环境和物质阅读环境的营造开始。

　　一方面，关于亲子阅读、人文阅读环境的营造，牵涉到了生活氛围和阅读氛围的双重营造，但事实上这两种氛围的营造是趋向同一性的。父母营造的家庭氛围会直接影响到儿童的身心健康，父母的阅读习惯也会直接影响到儿童的阅读习惯。良好的家庭氛围会促使儿童形成健康人格，从而培养出良好的阅读习惯。父母在儿童成长的过程当中发挥了示范作用和引领作用，儿童最初的阅读兴趣大多是在与成人一起阅读时产生的，并会下意识地效仿大人的阅读习惯和阅读选择。因此，"家长本身是否有阅读的习惯，是否真实的进行阅读活动，会直接影响与儿童展开亲子阅读的热情与耐心"②。在这种情况下，家庭阅读氛围最直接的体

---

①　徐雁、李海燕主编：《全民阅读知识导航》，南京大学出版社2016年版，第8页。
②　同上书，第10页。

现是家庭成员之间在读书方面的互动关系，代际之间的长辈对幼辈的指导教育，兄弟姐妹之间的读书切磋，等等。在这样的家庭氛围中，热爱阅读成为家庭成员的共识，也成为维系家庭互动关系和营造和谐家庭氛围的重要因素。同时，这种亲子互动的阅读方式可以形成儿童阅读的良性循环，家长阅读经验丰富，在日常生活中与儿童进行读书交流和碰撞，解决儿童的疑惑，使得儿童渐渐学会在书中寻找答案，激发自我阅读的兴趣和热情。这里值得注意的是儿童与大人阅读图书的交集问题，亲子阅读本身就牵涉到了大人阅读与儿童阅读图书的选择，儿童处于认知的弱势地位，因而亲子阅读图书的选择应以童书为主。而基于当前童书多元化的发展，点读童书、VR童书、AR童书、幼教云平台等童书和童书App的广泛运用，亲子阅读的选项随之变得丰富起来，亲子阅读的良好氛围营造亦随之变得轻松起来。

另一方面，关于亲子阅读的物质阅读环境营造，主要包括家庭阅读环境的创设和阅读材料的甄选。高希均先生指出："家庭中应以书柜代替酒柜，书桌代替酒桌，转移上咖啡馆与电影院的金钱与时间来买书、读书"①，如此便可保证一个家庭拥有最基本的阅读条件。小到设置一张书桌、一个书架，大到设立一个书房或专门的阅读区域，尽力为儿童创设可以进行舒适阅读的空间，让儿童在日常生活当中尽可能多的接触到阅读。同时，家庭阅读环境的创设还包括家庭藏书，无书何以读书，亲子阅读童书选择的重要性不言而喻，尤其是在家庭藏书的选择上更需慎之又慎。得益于出版形态的多元化发展，对于一个普通家庭的亲子阅读材

---

① 高希均：《构建一个干净社会》，上海三联书店1999年版，第12页。

料选择而言，中外经典著作可以有，儿童绘本、童话书可以有，生活实用类工具书可以有，这些都是家庭收藏书籍的良性选择。儿童阅读经典著作可以健全人格和启迪智慧，儿童阅读绘本、童话书等可以发掘兴趣和获取知识，儿童阅读生活工具书可以积累常识和培养实践能力，但是儿童这些阅读要么需要大人加以引导和帮助，要么就需要阅读童书版本的图书。只要这些书不超出儿童的理解范围，只要在大人的引导下可以激发儿童的阅读兴趣，只要有利于儿童身心健康的多媒介童书，都可以作为儿童阅读的材料。更重要的是，随着童书出版形态的多元化，各种体裁和内容的儿童读物几乎覆盖了儿童的各种不同阅读需求，儿童随时可以结合自身年龄特点和阅读需求，根据自主选择和家长推荐进行阅读材料的选择；而作为购买主体的家长，则可以根据儿童的阅读体验，及时在线上作出阅读反馈，促进出版主体调整营销策略。

不难发现，阅读材料的选择，即儿童阅读童书的选择，既牵涉到了家庭人文阅读环境的建构，又涉及了家庭物质阅读环境的营造。基于此，立足多元出版形态，拓展儿童阅读空间，丰富亲子阅读的材料选择和方式选择，成为儿童阅读文化建构的有利条件。在此基础上，家长主动发掘儿童的阅读兴趣，主动寻找与之匹配的童书类型，进行多元化阅读体验尝试和对比，与儿童开展亲子阅读，既能充分调动儿童的阅读兴趣，又符合儿童成长发展的需求，有利于培养儿童的良好阅读习惯。

第二，立足多元童书出版形态，推广以书香校园为宗旨的校园阅读文化。

除了家庭以外，学校是儿童活动时间最多的场所。长期以来，我国的教育都是以应试教育体制为主的，学生课业压力颇大，缺少阅读时间和精力，因而学校对于儿童阅读素养问题的重视度并不高，学校配套的阅读教材和阅读空间等基础设施都比较薄弱。伴随着国家对素质教育的提倡和对国民阅读的重视，考虑到对学生整体素质的培养，打造书香校园成为中小学教育工作的重要目标之一。要知道，"阅读素养是提升个人价值以及社会活动参与度的一项重要能力，阅读行为是伴随着一个人的出生而产生的，因此阅读素养的培养要从小开始"①。因此，越来越多的学校开展了阅读课程和阅读活动，涵盖了经典作品阅读课程、聆听与诵读课程、表演性阅读课程、口传民间文学课程、图书漂流活动、读书讨论会等，这些课程和活动都旨在提升学生的阅读素养，营造一种书香校园的阅读氛围。这样一来，儿童的阅读范围不再局限于学习工具用书，儿童的阅读习惯得以从家庭到学校进行持续性的培养，儿童的阅读能力和阅读思维也会得到锻炼与提高，足见学校书香阅读氛围对于建构良性儿童阅读文化的重要性所在。

数字童书等多元读物的出现，改变了传统纸质童书的文本阅读方式和信息接收方式，广大中小学生可以通过屏幕阅读实现对各种优质童书与经典童书的阅读，老师与学生也完全可以通过手机、电脑等数字终端完成阅读交流与互动。童书多元形态的存在，冲破了时间与地域的限制，使童书具有"时效性强、信息量大、全球化、多媒介、易调取、易检索、互动性强等特征"②，从而最大限度地方便老师调阅和推荐优质阅读材料给学生，以一种

---

① 徐雁、李海燕主编：《全民阅读知识导航》，南京大学出版社2016年版，第55页。
② 史雯：《嬗变与形塑——新时期青少年网络阅读研究》，中国广播影视出版社2016年版，第88页。

强时效性实现与世界最新阅读材料的同步。对于学生而言，一方面，书香校园的氛围和多元童书形态在极大程度上实现了自我阅读的自主化和个性化。他们不再受限于单调和统一安排的书目，可以根据自我的兴趣爱好选择读物，亦可以借助数字媒介反复阅读和吸收书中内容。从一种被动知识性阅读到一种主动休闲式阅读，极大地释放了儿童的天性，更利于培养他们的阅读兴趣；另一方面，书香校园的氛围极易开展师生共读和同学共读活动，能够满足儿童寻求群体归属感的天然需求。多元童书形态的存在，可以促使儿童共读的平台和阅读素材变得丰富起来，同一个故事可能会有不同的童书媒介版本，儿童根据自己的需求和习惯选择阅读版本，最后针对同一个故事进行融通交流，或是碰撞求异，或是寻求认同，都会推进儿童的阅读互动。由此，童书的多元出版形态不仅推动了书香校园的营造，还从更为深远的意义上实现了儿童良性阅读文化的建构。

第三，立足多元童书出版形态，实现以全民阅读为目标的书香社会建设。

"在中国可预见的未来里，全民阅读的希望在于从书香娃娃抓起，关键在于从'学习型家庭'到'书香校园'，再到'书香社会'这一链条的不缺失。唯其如此，由'文雅社区'而努力走向'书香社会'才有实现的可能。"① 在营造良性的儿童家庭阅读和校园阅读氛围之后，我们要将目光转向链条的最后一环——儿童阅读社会氛围的营造上，而公共图书馆显然在全民阅读氛围的营造中发挥着至关重要的作用。2011年文化部和财政部联合发布

---

① 徐雁、李海燕主编：《全民阅读知识导航》，南京大学出版社2016年版，第9页。

了《关于推进全国美术馆公共图书馆文化馆（站）免费开放的意见》，指出："美术馆、公共图书馆、文化馆（站）是政府举办的公益性文化事业单位，是开展公共文化服务的重要场所，是保障人民群众基本文化权益的重要阵地"①，并进一步明确了公共图书馆主要由国家公共财政支持，免费向人民群众履行基本公共文化服务的职能。在此基础上，公共图书馆完全可以向最广大人民群众免费开放，实现阅读的平等与无差别服务，其人文主义的核心价值和平等性、开放性、包容性精神得以体现，进而履行其引导全民阅读的社会责任。

具体到儿童阅读问题上，其一，公共图书馆的童书馆藏资源丰富，童书类型多样，童书推广影响巨大，一般还设有专门的少儿阅读室，阅读环境和阅读氛围良好；其二，公共图书馆依托自身机构优势和国家政策扶持，不仅有实力大力扶持和推广国内优秀原创童书，而且有渠道引进全球最为优质的进口童书，将优质的国内外童书资源集于一身，可以一直走在童书行业的前端；其三，公共图书馆的存在可以为农村儿童提供更多的阅读机会和阅读选择，进一步减小我国城镇儿童和农村儿童之间的阅读差距；其四，公共图书馆具有阅读引导的使命。当下童书市场是以市场为导向的，儿童的阅读选择多元，但缺乏引导，童书出版市场也存在选择过剩的问题，这就需要公共图书馆对出版主体和阅读主体进行阅读引导。图书馆的工作人员大多具有专业的图书甄选能力和知识经验，往往可以从市场、读者、作者等不同维度去分析判断读物的质量，还可以依托全国范围内的馆藏数据库掌握最新

---

① 参见 http://www.chengyang.gov.cn/n1/n6/n3028/n3055/n3056/180926105910223726.html，2020年7月31日。

的童书出版资讯和动态。而立足童书的多元出版形态,公共图书馆的馆藏资源不仅得以拓展和优化,为儿童提供更多可供选择的童书资源,吸引更多主体参与到阅读当中,而且其推广活动也变得愈加异彩纷呈,童书新书发布会、童书出版订购会、线上童书云讲座、图书馆与学校联合的阅读推广活动等,都成为公共图书馆全民阅读推广活动的重要组成部分。最重要的是,这些活动逐步确立起了公共图书馆在全民阅读推广中的主体性作用。

综上,基于出版形态的多元化发展,童书出版市场迎来了数字化和网络化的出版高潮,为出版主体和购买主体、阅读主体搭建起了快捷的需求交流桥梁。立足于多元童书出版形态,儿童的阅读材料和阅读方式都随之变得多元化和个性化,这是吸引儿童阅读兴趣的基础条件,也是儿童良性阅读文化建构的表征之一。儿童家庭阅读环境的营造,亲子阅读方式的开展,学校书香校园的打造推广,社会公共图书馆全民阅读的引导,这些都离不开多元化的童书出版形态。童书一直作为儿童自我成长和自我塑造所必需的材料而存在,这是其价值所在,而其在人文主义价值和商业主义价值之间徘徊的宿命也是其价值所在。多元意味着选择,选择意味着徘徊,而徘徊意味着童书出版尚有改进的空间和余地,尤其是出版主体、创作主体、购买主体等不同参与主体之间的张力和价值取向,注定了童书出版长久的徘徊。而对于儿童的阅读而言,从家长到老师,再到国家层面,整个社会似乎都在致力于为其打造良好的阅读环境,提供最优质的阅读材料,助力儿童良性阅读文化的建构。整个阅读环节参与主体越多,越能群策群力打造良性的儿童阅读文化,但是这也意味着儿童阅读的选择权想要彻底回到自身就越难,这对于建构良性儿童阅读文化显然不利。因此,呼唤童书创作回归儿童本位主义的创作观念,童书出版坚持儿童本位的价值取向,儿童阅读文化的建构要确保儿童的主体性地位,无疑成为建构良性儿童阅读文化的关键。

第三节 回归儿童本位主义

在明确儿童本位主义在童书出版和良性阅读文化建构中的关键性作用后,我们必须回归儿童本位主义的出版立场和价值取向,依据儿童的审美心理特征和阅读价值需求来进行童书创作和制定出版策略。高尔基指出:"儿童文学不能是成人文学的附庸,而是具有主权和法则的一大独立王国"[①];我国著名儿童文学研究者朱自强曾言:"基于儿童群体的特殊性,应该把儿童看作独特文化的拥有者,在承认儿童在成长路途上与成人世界存在紧密联系的同时,最大限度地划清与成人之间的界限,建立起相对独立的儿童王国。从根本而言,儿童文学的本体论只有在区别中而不是联系中才能建立起来。"[②] 这无疑指明了童书回归本位主义立场的前提:将儿童世界与成人世界进行适度区别。童书作为儿童文学作品,就应有区别于成人读物的自身创作规律和出版策略,必须时刻明确儿童的阅读主体地位,关注并尊重儿童的认知方式和阅读兴趣,这是童书出版行业的良性发展和儿童良性阅读文化建构的根本落脚点。

首先,我们必须要明确当下儿童阅读文化建构中儿童本位主

---

① [苏联] 高尔基:《为外国儿童图书目录作的序》,选自《俄苏作家论儿童文学》,周忠和译,河南少年儿童出版社1983年版,第137页。
② 朱自强:《儿童文学:儿童本位的文学》,《儿童文学研究》1997年第1期。

义观念缺失的主要表征和原因。一方面，正如前文所述，童书作为一种文化生产，正在被消费主义的意识形态所异化，搁置了自己的人文主义价值取向，导致了儿童阅读方式的嬗变。当下童书出版市场最明显的事实是"文化生产与消费、经济之间的边界正在消失，阅读与休闲、娱乐的边界也在模糊，阅读对于市场与欲望的抗拒正在萎缩"①。换言之，儿童阅读受到了消费主义文化的影响，其阅读文化的深层结构已经被消费主义所渗透，工具阅读、实用主义阅读、休闲式阅读渐渐成为儿童阅读的主要类型，而且这些新型阅读方式正在逐渐演化为控制儿童生活和儿童内心的符号。显然，儿童阅读习惯面临着被异化的风险，那些能够带给儿童快乐、符合儿童心理需求、满足儿童成长知识需求和审美需求的阅读类型，都在被边缘化，儿童阅读的自主性无从谈起。

另一方面，随着我国童书行业突飞猛进的多元发展，童书的功能也在不停地被进行成人化"异化"。童书常常成为成人价值观和成人意志的附庸品，被赋予了更多的功能，而满足儿童自身阅读需要的功能却渐行渐远。朱自强曾经重新定义了儿童本位主义观念的内涵："所谓的儿童本位观，不再把儿童看作未完成品，按照成人自己的人生预设去教育儿童，也不再从成人精神需要出发去利用儿童，而是从儿童自身的原初生命欲求出发去解放和发展儿童，并且在解放和发展儿童的过程中，将自身融入其间，以保持和丰富人性中的可贵品质。"② 这样一来，成人完全可以伴

---

① 史雯：《嬗变与形塑——新时期青少年网络阅读研究》，中国广播影视出版社2016年版，第90页。

② 朱自强：《儿童文学概论》，高等教育出版社2009年版，第25页。

随着儿童的成长进行自我完善，在教育儿童的同时，实现同步自我教育，大可不必去代替儿童做决定，褫夺儿童阅读的主体性权利。具体到童书出版策略上来看，成人承担着童书行业的创作主体、出版主体、购买主体等种种角色，是儿童阅读活动的重要参与者。唯有他们以儿童本位主义的立场参与其中，才能最大限度地保障儿童阅读的主体性，为儿童提供有益的精神食粮。

其次，在整个童书出版各个环节中，出版主体、创作主体、购买主体等都要回到儿童本位主义的价值立场，以一种儿童本真视角参与到童书出版活动中，服务于作为阅读主体的儿童。从理论上来讲，关注并尊重儿童的阅读兴趣和需要，是出版优秀童书的前提，但是在实践中这种观念落到实处并非易事。[①] 一本童书，在成人眼里可能没有任何吸引人的地方，但是在儿童眼里却十分有趣，那么在决定是否出版这本童书时，出版主体就会在成人与儿童视角之间纠结取舍。要知道，正如鲁迅先生所说："孩子在他的世界里，是好像鱼之在水，游泳自如，忘其所以的，成人却有如人之鳧水一样，虽然也觉到水的柔滑和清凉，不过总不免吃力，为难，非上陆不可了。"[②] 成人世界与儿童世界衡量事物的标准和价值体系从来都不是重合的，优秀的童书从来都是拥有吸引儿童的元素，而非吸引大人的元素。这不仅是童书出版主体需要思考的，更是创作主体需要注重的。对于优秀的童书创作者而言，从儿童视角去观察世界，理解儿童的兴趣爱好和精神需求，

[①] 白爱宝：《童书出版中儿童观》，《出版发行研究》2014 年第 3 期。
[②] 鲁迅：《看图识字》，见《鲁迅全集》第六卷，人民文学出版社 1981 年版，第 35 页。

最终实现与儿童心灵的交融，是童书创作的最高境界。这不仅需要创作者对儿童独特的生命现象报以敬畏之心，对幼小的生命所蕴含的无限创造力和想象力报以尊重和理解，更需要有对儿童的热爱关切之情，用一种平视的目光看待儿童。① 唯有如此，出版主体和创作主体才能无限接近儿童的心理需求，创造出合乎儿童阅读需求的优秀作品。而作为购买主体的家长也要珍惜童书出版主体和创作主体的劳动果实，不能再以自己的成人逻辑和成人思考方式来替儿童做决定。家长"我是为你好"之类的教育理念从来都是以成人角度在构思给予儿童什么，他们选择童书很多时候都是基于自身的生活经验，但是却无法让缺乏这种生活经验的儿童同步他们的感受，真正热爱他们所选择的童书。事实上，家长更多的时候需要扮演的是引导者的角色，而非决策者的角色。言而总之，如果童书出版活动中的所有参与者都能够树立一种儿童本位主义的观念，我国的童书出版从数量到质量都会得到显著提高和提升，整个童书出版行业就能得以繁荣发展，进而参与到全球化的童书市场竞争当中。

再次，儿童阅读材料的选择要因人而异、因地制宜，明确不同年龄儿童、不同阅读语境的童书适用类型。按照儿童年龄段的广义划分，童书可以分为幼儿（0—6 岁）童书、少儿（6—12 岁）童书和少年（12—17 岁）童书，分别对应着不同的阅读需求：幼儿童书以启蒙为主，注重内容的趣味性与形式的娱乐性，尤其重视画面感，文字篇幅较短，多是简单的词语短句组合和简单对话；少儿童书以学习为主，需要满足这一阶段儿童强烈的求

---

① 白爱宝：《童书出版中儿童观》，《出版发行研究》2014 年第 3 期。

知欲，同时还要顾及他们尚未摆脱的幼稚心理，因而注重作品的知识性和想象力呈现，文字篇幅有所增加；少年童书以引导为主，这一时期儿童处在从幼稚期向青春期过渡的不稳定时期，心理与性格都十分多变，童书需要注重全景式的社会生活描写，引导他们正确认识和理解世界，文字篇幅段落结构完整。显而易见，不同年龄阶段的儿童心理特征与接受能力差异很大，这些差异意味着他们的阅读需求差异很大，更意味着幼儿童书、少儿童书和少年童书各自的审美特征、思想内容和艺术特点差异也很大①。因而，在为不同阅读对象选择阅读材料时，必须要坚持本位主义的立场，因人而异。同时，从儿童阅读的家庭阅读环境到学校阅读环境，再到全民阅读环境，不同阅读场所，不同阅读场域，显然需要选择不同的童书类型和媒介形式。以亲子阅读的童书选择为例，不仅要考虑到成人口述的需要，童书的图文内容处理要给成人讲述者留下发挥空间，还要考虑到儿童的"泛灵化"审美意识，童书中的角色设置要简单有趣，否则很难作为适宜的亲子阅读材料。还要强调的是，在不同阅读语境中，儿童的阅读主体地位不能改变，要明确各种环境中其余参与群体的阅读职能，强化家长、老师、公共图书馆专业阅读推广人员的引导和辅助阅读职能，不能让他们喧宾夺主。

最后，针对不同文化背景的儿童阅读主体，选择不同的阅读材料，或对阅读材料进行适应性改编，这也是童书出版回归儿童本位观的体现。这里牵涉到了两个问题：国外童书的本土化问题和国内童书的国际化出版问题，也就是外国童书"走进来"和中

---

① 王华杰：《儿童文学论》，湘潭大学出版社2009年版，第7页。

国童书"走出去"的问题。客观来看,作为文化产品的我国的出版物对整个人类文化的辐射和影响程度还比较薄弱①,中国童书出版市场长期落后于欧美、日本等成熟童书市场的发展速度,童书出版一度陷入疯狂引进的状态,而本土童书出口一直是廉价输出,形成了明显的童书贸易逆差。一方面,一些出版机构大量购入欧美童书的版权和资源,以一种"凡是进口的,都是经典的;凡是进口的,都是优质的"引进观念成为欧美童书出版的"二道贩子",经常出现国内数家机构去争夺同一本外国童书的版权,继而哄抬价格,造成引进成本的增加。但是,并不是所有引进的经典童书都适合中国儿童阅读。在不同文化背景中生活的儿童,其文化理解语境、阅读思维、阅读方式和审美意识等都是存在差异的,譬如中国的神话体系与西方的神话体系并不相同,中国人的伦理价值观念与外国人的伦理价值观念亦不相同,因此儿童在进行外国经典童话故事阅读时,囿于自身耳濡目染的本土文化价值取向,很难理解外国童书中所叙述的故事和传达的价值观,这就要求引进童书要进行本土化的适应性调整。同理,另一方面,中国原创童书"走出去"也要考虑到不同文化背景阅读对象的文化差异问题,从而对童书进行出口的策略性调整。这种"走出去"的原创童书不仅要求要符合国内儿童的阅读需求,也要考虑目标输出国的儿童文化心理需求和阅读习惯,更要考虑到不同语种童书的高效译传问题。在这种跨文化传播的背景下,童书出版策略的制定既要考虑到全球化的视野,又要立足于地域性差异;既要考虑到本国原创童书阅读对象的阅读需求,又要针对跨文化

---

① 张天定:《图书出版学》,河南大学出版社2006年版,第204页。

阅读对象进行本土化调整。

一言以蔽之，儿童阅读的主体性原则是童书出版和儿童良性阅读文化建构的基本原则。作为阅读主体，儿童拥有区别于成人的阅读需求与阅读习惯，这些需求和习惯一直处在不断建构的动态过程当中，因而儿童对于阅读材料的选择也处在因时因地的变化当中。中国当下童书出版区别于其他类型图书出版的最大特征在于以一种成人世界的价值体系和出版观念打造儿童的阅读世界，而非儿童的阅读世界，本质上是在以一种话语权威的方式在引导儿童阅读。成人出于一种对儿童阅读能力和认知水平的顾虑，自然而然地剥夺了儿童阅读的自主选择权，让儿童被动接受自己为其选择的童书，将自己价值观念强行灌输给儿童。曾经一度带给儿童快乐的童书，被赋予了传递成人意志的职能，童书职能的这种"异化"最终伤害的必然是儿童和整个童书出版行业。因此，回归儿童本位主义立场是建构良性儿童阅读文化和制定良性童书出版策略的必然选择。

结　语

　　回顾中国童书的发展历程，从最早屈指可数的连环画到如今广泛开发的数字童书，童书俨然成为图书市场新的出版热点，引起了出版行业的极大重视。虽然越来越多的人投入了童书行业，推动着童书出版行业一直在探索中前进，但我国的童书出版在专业化的道路上依然是刚刚起步的状态。诸如童书的出版管理和出版规划不明确、童书的段级区分不清晰、童书的价值取向和阅读功能被消费主义异化、数字时代童书的媒介性依赖等一系列问题的存在，无疑都揭示出了我国童书出版市场不够成熟的现实。显而易见，造成中国童书出版困境的原因已然不再局限于文化层面，而是扩展到了社会的各个层面当中；波及的群体也从童书出版市场各个环节的参与者，扩散到了与儿童阅读相关的方方面面的社会群体。在这种情况下，童书出版的突围路径也变得复杂起来，从形式层面的突围、内容层面的突围、知识层面的突围到文化层面的突围，无一不是兼顾童书出版行业特点与儿童阅读文化特征的路径，无一不是融合了童书出版核心价值观念与良性阅读文化的思路。可见，作为儿童阅读材料的童书，承载着的一直是童书出版市场未来发展和儿童良性阅读文化建构的双重使命，可谓是任重而道远。

　　从微观层面的童书出版与创作来看，参与者的文化责任感和人文主义价值取向是确保童书出版坚持儿童本位主义逻辑的精神保障。在儿童社会化的过程当中，童书一直充当着推动儿童语言发展、促进理性思维启发、增强感性情感体验的角色，这注定了童书出版必然要遵循儿童的心理发展规律和阅读需求，以一种儿童本位的价值立场完成童书出版任务。这里牵涉到了童书出版行业参与者的核心价值观和文化责任感问题。童书既作为儿童读物，又作为图书商品，注定了要在社会效益与经济效益之间寻求一种平衡。而当下童书出版市场的现实却是——伴随着童书出版市场化程度越来越高，商品经济的消费主义意识形态早已渗透到了童书出版行业的各个环节，童书从文化产品变成了文化商品，出版行业参与者以刺激儿童消费欲望为目的的"伪儿童本位主义"逻辑大行其事，真正以儿童健康成长为宗旨的儿童本位主义出版逻辑逐渐式微。在这里，出版主体的文化责任感和人文主义价值取向缺失已然成为了不争的事实。面对这种情况，一方面，呼唤童书出版行业参与者立足各自专业使命，提高自身专业素养，以一种匠人精神在童书出版生态圈寻找自己的合理位置，无疑成为童书出版市场良性发展的必然选择。就像创作主体熟稔儿童文学创作技巧进行创作，出版主体则熟稔出版管理流程和出版市场的产业化情况，不厌其烦地提出童书修改意见。创作主体与出版主体可以反复磨合，在一种文化劳动中而非商业交易中完成童书的出版任务。这样一来，童书出版行业参与主体各自的社会责任感都会逐渐从商品市场经济中解脱出来，获得自我的主体性和话语权。童书出版的各个主体，各司其职，各守本分，勿失本心，就是其坚持人文主义价值取向的基本体现。另一方面，童书出版行业的参与者要增强自身的文化责任感。作为出版、创作或推广主体的他们，同时在生活中也可能充当着儿童的老师、家长等角色。出于对儿童健康成长的关注和关爱祖国下一代的社会责任感，他们也应以传播经典优秀童书作品为己任，守护好儿童成长的阅读环境。

从中观层面的童书出版产业化发展来看，加强童书出版的集团化组织管理和品牌化运作管理，是优化儿童阅读材料、提升童书核心竞争力、融合阅读文化推广和儿童出版产业化的有效方法。一般来说，出版组织应具备以下组织特征：有明确的目标、保持一定的权责结构、拥有资源（人力资源、财力资源、物的资源、信息资源和时间资源）。① 以此来对照童书出版企业的规范化组织管理：目标是兼顾盈利和文化传播；权责结构因不同的企业而异，要求组织结构层次清晰、负责人职责明确；资源则主要指向了优秀的编辑资源、充足的童书制作资金、完整的产业链、快速的市场信息反应和高效节时的时间成本控制等。而这之中，优秀的编辑资源是完成童书出版组织管理的首要条件。出版企业可以依据不同媒介、不同内容、不同段级的童书类型来制定编辑的业务范围和业务标准，以此来鼓励编辑提升专业化业务水平，培养优质的高级童书编辑，尤其是要注重培养熟悉儿童心理特征和童书制作规律的优质编辑，从而打造精品儿童阅读材料。在此基础上，制定完善的出版管理流程、绩效评定标准以及薪酬标准，

---

① 于春迟、谢文辉：《出版管理学》，中国人民大学出版社2011年版，第38—40页。

以一种资源优化配置的组织管理逻辑来激发童书编辑的出版热情，激发他们开发原创童书和引进国外优质畅销童书的动力。

而童书的品牌化运作策略和精品阅读推广活动，则是童书实现销售转化和提升核心竞争力的重要手段。纵观目前童书出版市场，我国500多家出版社每年推出20多万种图书，同一类图书常常被多家出版社同时出版，像《安徒生童话》《格林童书》等读物几乎是每家少儿出版社都出，而且不止一个版本，大量童书同时涌入市场，造成了我国童书市场是典型的"买方市场"。① 在买方市场的背景下，大众的品牌意识有了极大的提升，购买童书时更愿意选择有品牌影响力的作品。这就对童书出版主体提出了打造核心品牌的要求。一般而言，品牌的形成与打造需要长期的细致策划，出版主体要依托自身特色的优势资源，立足市场做好选题策划，在内容、编辑、校对、印装等各个环节保持一流水准和自身出版特色，打造自家的核心品牌产品，以一种精品出版的思路完成营销推广。就像果麦文化出品的《孩子们的诗》、活字文化出品的《给孩子们的诗》等品牌童书，几乎都是一经面世，迅速成为热点话题，销量火爆。这充分证明了核心品牌产品强大的市场竞争力，也指明了我国童书出版市场的发展方向。进一步来看，在打造核心品牌产品之后，出版主体可以进一步延伸童书出版的产业链，或是租售版权，二次开发品牌童书的社会效益和文化效益，或是跨界合作，发展文创产业和配套周边产品，用一种多元开发的视角实现童书品牌价值的最大化，拓展和延伸童书的时空类型，从而提高整个童书出版产业的效率。

---

① 于春迟、谢文辉：《出版管理学》，中国人民大学出版社2011年版，第91页。

从宏观层面的童书跨文化传播层面来看,全球化一度对我国童书出版市场带来了巨大冲击,但是同时也带来了中国童书走向世界的契机。第一,外国童书的大量引进,强势冲击了我国本土的童书市场,加剧了国内童书市场的激烈竞争,从而刺激了中国童书出版行业大力发展原创作品和走出国门的尝试。中国原创童书作为一种中国特色的文化产品,本身蕴含着深厚的文化基因,承担着传播优秀中国传统文化的使命,尤其在走向世界的过程中,更是一种文化自信的象征,因而在全球化时代中国童书走出去的文化意义和文化责任显得格外重大。立足本土经典原创童书,注重中国文化元素与出版产品的融合,讲好中国特色文化故事,面向国际市场进行海外版权输出,走出国门展示中国形象,推动中国传统审美意识和优秀文化在世界范围内的传播,这是时代赋予童书出版人的使命。

第二,外国童书为我国童书提供了可资借鉴的专业化出版经验。"从出版数量上讲,我国业已迈入了国际出版大国之列,并且就年度新书出版品种而言已经超过了英国、德国、日本等世界出版大国,但我国还远非一个出版强国。"① 从出版"大"国到出版"强"国,一字之差,意味着我国童书出版行业与外国童书出版行业相比,还存在着发展上的差距,而造成这种差距的主要原因则是国外童书出版行业的专业化程度远超于我国,这无疑为我国童书出版行业发展提供了十分现实的启示,即汲取童书出版的世界性文化营养和专业出版经验,着重提升童书出版行业的专业化水平。基于此,我国的童书出版不仅需要从形式、内容、产品、

---

① 张宏:《出版散论》,安徽大学出版社2010年版,第21页。

品牌的调研和策划体现出专业性，分析清楚童书针对的不同段级读者对象、面临的主要竞争对象、现有的市场占有份额、专业品牌价值等一系列童书出版专业相关情况，还要追求一种事事做到极致的匠人出版精神，从童书类型的细微处入手，实现某一类、某一主题、某一系列童书专业出版内容和产品的精细化，打造这一类童书的产品品牌，走在国内同类童书出版的前列。出版主体从专业出版到专业特色，再到专业品牌和专业权威，继而拥有专业的读者群体，不断拓展专业出版渠道和方向，最终壮大自身的出版实力和抗风险的能力，拥有不断开发新产品的基础，从而形成童书出版行业的良性发展生态。这是做专、做大、做强我国童书出版产品的有效途径，也是被外国童书出版成功经验所证明的途径。

第三，国际化与本土化的融合，通过中西国际合作出版的方式实现的双方共赢。这种方式兼顾了国内外童书市场的趋势，不断通过资源置换优化童书产业制度模式，童书的创作主体和出版主体从而趋于多元化和国际化，创作主题也更具包容性和新鲜感，书籍形态更是五花八门，这是单一国家童书创作无法比拟的资源优势。如湖南少年出版社打造的"汤素兰图画书"系列和"狮心绘意——中新儿童文学原创作品"系列，前者邀请了8位不同国籍的画家进行合作，后者是由16位中国和新加坡知名儿童作家联合创作，这些显然是中西合作出版模式的典型代表，出版后都取得了巨大成功。这无疑是海内外童书实现跨文化双向传播的有效捷径，国内外优秀童书资源的整合出版，不仅打开了儿童阅读的国际视野，而且在中西文化的交流互动和对比中，增强了儿童对自己国家文化根脉和精神信仰的认可度。显然，中国童书走向世界不仅是市场需求，本质上更是试图输出一种儿童命运共同体的价值观念，这是全球化时代童书被赋予的神圣使命和文化责任。在意识到这种强烈的使命感之后，中国童书出版行业唯有殚精竭虑，砥砺前行，方可在全球童书市场获得话语权。

事实上，童书出版归根究底要服务于儿童阅读。我们讨论了那么多关于如何发展中国童书出版行业的途径，最后还是要把问题落脚在"人"身上。童书服务于儿童，童书出版行业围绕着儿童阅读需求来制定具体策略，以人为本从来都是文化产品最本质的价值导向。日本学者斋藤孝指出："人类的发展历史是由书构筑起来的，也是由书传承下来的。"① 诚哉斯言，书籍作为一种独特审美对象，不仅是传承和记录人类智慧结晶的物质载体，而且是丰富人类精神世界不可取代的文化产品。那么，与之对应，阅读书籍的意义则在于获取知识和增强精神力量，而"精神力量"这种东西，基本上是从小就要开始锻炼的。② 由此，现代人旨在丰富自身精神世界的阅读从儿童时期抓起无可厚非，这无疑点明了儿童阅读对于人生发展的重要意义。通过阅读，儿童可以获得一个远超自己生活体验的感受空间，可以建立起良好的阅读基础与品位，可以获得一个远超家庭、学校教育的自我教育和自我疗愈途径，增强自身形而上层面的精神力量，以抵抗未来现实对自己精神的种种异化。在这种情况下，旨在为儿童阅读保驾护航的良性阅读文化建构显得尤为重要。更重要的是，儿童这种良性阅读文化的建构离不开童书出版行业的良性发展，毕竟阅读质量也

---

① ［日］斋藤孝：《深阅读：信息爆炸时代我们如何读书》，程亮译，江西人民出版社2016年版，第12页。

② 同上书，第13页。

要看阅读材料品质好坏。反过来，童书出版行业只有以儿童阅读的这些目的和需求作为出版价值导向，才能探索出行业未来的可能性发展路径。显而易见，只有将童书出版问题与儿童阅读文化建构问题结合在一起进行考察，我们才能明确中国童书出版行业的未来目标和儿童阅读文化的建构方向，才能为儿童创构出和谐美好的精神家园。

阅读对于少年儿童的成长有着不可替代的意义，不仅是他们获取知识的重要来源，也是他们了解世界的窗口，更是他们与外界进行联系的桥梁，从这一维度讲，中国童书出版实肩负着少年儿童养成的重要使命。当今社会数字化的趋势已经无法避免，深刻地影响着中国的发展，也给童书出版行业带来危机与机遇。作为新生代的少年儿童，从一出生便沐浴在数字化时代阳光下的他们，已经无法规避数字化带来的影响，他们的生活里随处可见数字时代的产物：动漫、手游、少儿电影等，影响是多元的。我们不能简单地用纸质阅读作为培养儿童阅读习惯的唯一方式，而应该积极结合数字化产品的特点，寓教于乐，满足儿童的多元需求，积极寻找数字出版产品与传统出版物的融合，提供优秀的少儿作品。

本雅明说"在现代社会中，文学的品格和本质在很大程度上取决于文学的生产方式和体制，以出版单位、书店、报刊杂志为核心的文学生产体制，构成了政府体制外的文化、言论空间和社会有机体，产生和决定着文学的本质和所谓的'文学性'"[1]。由此可见中国童书出版单位的重要性，它能够深刻影响儿童文学的

---

[1] ［德］瓦尔特·本雅明：《发达资本主义时代的抒情诗人》，张旭东、魏文生译，生活·读书·新知三联书店1989年版，第44页。

特质和发展走向。同时，童书出版是有文学视野和审美价值的实践活动，它的出版高度，不仅影响着中国童书在世界的话语权建构，也影响着中国文化"走出去"的传播效果。现阶段，是中国童书出版"走出去"的完美契机，依托强大的人口市场，利用国外出版界对中国市场的巨大需求，对中国文化的热烈关注，给国内出版社交流同行经验、学习先进出版理念提供了平台与契机。同时，基于国家层面对文化事业的大力扶持，以及"一带一路"的深入建设，属于中国童书的国际市场正在不断开拓，受众范围不断扩宽，营造了中国童书发展的国际空间。十八大以来，国家一直强大强调"文化自信"，我国童书出版事业"走出去"的关键诉求，就是构建中国童书出版的话语权，反映童书出版的中国魅力、中国元素、中国质感，即是要讲好中国故事，传播好中国价值，建构好中国话语，打造兼具中国特色和国际视野的品牌作品。

参考文献

一　外文著作

［斯］艾尔雅维茨：《图像时代》，胡菊兰、张云鹏译，吉林人民出版社 2003 年版。

［美］博伊姆：《怀旧的未来》，杨德友译，译林出版社 2010 年版。

［法］布尔迪厄：《科学的社会用途——写给科学场的临床社会学》，刘成富等译，南京大学出版社 2005 年版。

［法］布尔迪厄、［美］华康德：《实践与反思——反思社会学导论》，中央编译出版社 1998 年版。

［英］丹尼斯·麦奎尔：《受众分析》，刘燕南等译，人民大学出版社 2006 年版。

［德］高尔基：《为外国儿童图书目录作的序》，选自《俄苏作家论儿童文学》，周忠和译，河南少年儿童出版社 1983 年版。

［德］哈特穆特·罗萨：《新异化的诞生：社会加速批判理论大纲》，郑作彧译，上海人民出版社 2018 年版。

［美］凯瑟琳·海尔斯：《过度注意力与深度注意力》，杨建国译，

《文化研究》第 19 辑，社会科学文献出版社 2014 年版。

［法］克洛德·列维－斯特劳斯：《种族与历史、种族与文化》，于秀英译，中国人民大学出版社 2006 年版。

［加］李利安·H. 史密斯：《欢欣岁月》，梅思繁译，湖南少年儿童出版社 2014 年版。

［匈］卢卡奇：《历史与阶级意识》，杜章智译，商务印书馆 1992 年版。

［美］罗杰·费德勒：《媒介形态变化——认识新媒介》，明安香译，华夏出版社 2000 年版。

［美］罗兰·罗布森：《全球化——社会理论和全球文化》，梁光严译，商务印书馆 2001 年版。

［德］马克思：《1844 年经济学—哲学手稿》，中共马克思恩格斯列宁斯大林著作编译局译，人民出版社 2000 年版。

［法］让·鲍德里亚：《消费社会》，刘成富、全志钢译，南京大学出版社 2000 年版。

［日］松居直：《我的图画书论》，季颖译，湖南少年儿童出版社 1997 年版。

［美］唐娜·威特默、［美］桑德拉·彼得森、［美］玛格丽特·帕尔特：《儿童心理学：0—8 岁儿童的成长》，何洁、金心怡、李竺芸译，机械工业出版社 2014 年版。

［德］瓦尔特·本雅明：《发达资本主义时代的抒情诗人》，张旭东、魏文生译，生活·读书·新知三联书店 1989 年版。

［德］叶拉·莱普曼等：《世界大奖作家经典童书：长满书的大树》，黑马译，湖北少儿出版社 2005 年版。

［瑞］约克·米勒：《挖掘机年年作响》，王淑文译，和英出版社

2000年版。

［日］斋藤孝：《深阅读：信息爆炸时代我们如何读书》，程亮译，江西人民出版社2016年版。

［美］詹姆逊：《晚期资本主义的文化逻辑》，陈清侨译，生活·读书·新知三联书店1997年版。

二　中文著作

崔昕平：《中国童书出版纪事》，希望出版社2018年版。

方卫平：《中国儿童文学四十年》，中国少年儿童新闻出版总社2018年版。

高希均：《构建一个干净社会》，上海三联书店1999年版。

海飞：《童书海论》，明天出版社2001年版。

黄先蓉、罗紫初主编：《数字时代出版产业发展研究》，高等教育出版社2007年版。

黄孝章：《数字出版产业发展模式研究》，知识产权出版社2012年版。

刘晓东：《儿童精神哲学》，南京师范大学出版社1999年版。

鲁迅：《看图识字》，见《鲁迅全集》第六卷，人民文学出版社1981年版。

陆扬、王意选编：《大众文化研究》，上海三联书店2001年版。

史雯：《嬗变与形塑——新时期青少年网络阅读研究》，中国广播影视出版社2016年版。

孙琳：《重构场域——出场学场域十论》，人民日报出版社2014年版。

王华杰：《儿童文学论》，湘潭大学出版社2009年版。

王瑞祥：《儿童文学创作论》，浙江大学出版社2006年版。

吴江江等：《中国出版业的发展与经济政策研究》，湖北人民出版社1994年版。

徐雁、李海燕主编：《全民阅读知识导航》，南京大学出版社2016年版。

阎晓宏：《1996年图书出版概述》，《中国出版年鉴1997》，中国出版年鉴社1997年版。

于春迟、谢文辉：《出版管理学》，中国人民大学出版社2011年版。

余人：《中国少儿出版新进程》，上海世界图书出版公司2014年版。

袁琦：《对我国出版工作的盛大检阅——记"全国图书展览"》，选自《中国出版年鉴1987》，中国书籍出版社1988年版。

张宏：《出版散论》，安徽大学出版社2010年版。

张天定：《图书出版学》，河南大学出版社2006年版。

中国出版年鉴社：《中国出版年鉴2007》，中国出版年鉴社2007年版。

周宪：《读图，身体，意识形态》，天津社会科学院出版社2002年版。

周新生：《产业分析与产业策划方法与应用》，经济管理出版社2005年版。

朱自强：《儿童文学概论》，高等教育出版社2009年版。

三　期刊论文

白爱宝：《童书出版中儿童观》，《出版发行研究》2014年第3期。

白绍武：《怎样理解和增强文化软实力》，《辽宁行政学院学报》2008年第10期。

陈晖：《论绘本的性质与特征》，《海南师范学院学报》（社会科学版)2006年第1期。

杜恩龙:《呼唤民间公益出版基金》,《出版参考》2004年第11期。

杜玮、宁孟涛:《增强现实语境下幼儿读物的用户体验浅析》,《设计》2017年第9期。

海飞:《中国少儿出版仍将处于"黄金时代"》,《中国新闻出版报》2012年9月7日。

海飞:《中国童书出版新变化》,《编辑之友》2015年第9期。

杭云、苏宝华:《虚拟现实与沉浸式传播的形成》,《现代传播》(中国传媒大学学报)2007年第6期。

何孝清:《互联网思维模式下童书融合出版的实践与思考》,《出版广角》2019年第9期。

金元浦、崔春虎:《中国对外出版版权交易年度发展研究——现状、问题、特征与趋势》,《湖南社会科学》2014年第3期。

李道魁、张洁梅:《少儿读物的数字出版困境与对策》,《出版发行研究》2015年第5期。

李东来、熊剑锐:《图画书的发展历程对我国原创图画书的启示》,《中国图书评论》2010年第9期。

廖雨声:《加速时代的审美感知重塑——〈慢下来——走向当代审美〉中的慢速美学》,《马克思主义美学研究》2019年第2期。

龙娟娟:《基于体验的AR形态学龄前童书交互设计探析》,《中国出版》2017年第16期。

罗紫初:《中外出版经济政策比较》,《大学出版》2004年第1期。

申琳:《中国童书如何更好地"走出去"》,《出版广角》2017年第11期。

谈凤霞:《突围与束缚:中国本土图画书的民族化道路——国际视野

中熊亮等的绘本创作论》，《南京师范大学学报》2012 年第 3 期。

王春鸣：《童书出版与儿童阅读环境》，《编辑学刊》2011 年第 3 期。

王海涛：《国家稿酬标准的制定及改进稿酬管理的建议》，《中国物价》1997 年第 6 期。

王泉根：《"十七年"儿童文学演进的整体考察》，《中国现代文学研究丛刊》2019 年第 4 期。

王泉根：《高扬儿童文学"以善为美"的美学旗帜》，《中国儿童文学》2004 年第 3 期。

邬书林：《自觉地为建设创新型国家服务，争取出版业有更大的发展》，《中国图书商报》2006 年 6 月 20 日第 2 版。

吴瑶：《儿童数字阅读变革与反思》，《中国出版》2016 年第 2 期。

于友先：《创作原创精品，推动我国童书出版走向世界——在第 18 届全国少年儿童出版社社长年会上的讲话》，《中国少儿出版》2003 年第 3 期。

张建、于爽：《具身认知理论视域下 VR/AR 图书阅读方式的变革》，《出版发行研究》2017 年第 7 期。

朱自强：《儿童文学：儿童本位的文学》，《儿童文学研究》1997 年第 1 期。

四　学位论文

曹新哲：《中国连环画出版研究》，硕士学位论文，武汉大学，2004 年。

黄若涛：《绘本书的传播功能研究》，博士学位论文，中国传媒大学，2006 年。

李彦强：《新中国连环画出版研究》，硕士学位论文，北京印刷学院，2012年。

张洁：《全球化语境下的视觉文化传播》，硕士学位论文，南京师范大学，2005年。

张晓怡：《不同亲子阅读策略对3—6岁儿童图书阅读能力的影响》，硕士学位论文，陕西师范大学，2008年。

致 谢

本书的诞生，最应当感谢的是我的一对女儿，没有她们，我大概率不会关注童书出版这一领域，更遑论将其作为我的研究方向。这本书的写作与她们的成长相伴，无数个陪她们亲子阅读的细碎时光，使我对"童书"与"阅读"都有了更深的认知，这些认知是我写作时灵感的来源，而"母亲"这一身份则给予我一种别样而微妙的自信，使我写作时能更坚定而非囿于成见。

这本书的出版，还要感谢出版人郭晓鸿女士，她的言简意赅正好化解了我的社交恐惧，让我不曾为文稿之外的事耗费过多余精力。出版之顺利也远超我的预期，这一点由这篇略显潦草的致谢也可见一斑。在此一并感谢中国社会科学出版社所有关注过本书的编辑老师和工作人员。

此外，感谢浙江传媒学院新闻与传播学院的各位领导与编辑出版系的各位同事，给了我足够自由的空间与时间去完成本书的写作。感谢浙江省传播与文化产业研究中心和浙江传媒学院新闻与传播学院对本书的出版资助。

感谢曾在武汉大学就读的岁月，我的学术之路也起步于此，三年的读博时光回忆起来依旧令人感触。感谢我的恩师朱静雯教授一直对我的鼓励和帮助。

感谢我的家人与亲密的朋友，你们是我最坚实的后盾。感谢身边的存在，存在的事终归有其意义。

本书是"兴趣"和"爱"的产物，不免带有浓厚的个人色彩，也必然存在诸多疏漏。谨希望能以此书为媒，推进学术间的交流与切磋，使越来越多的研究者关注儿童的阅读，如若能为他人的研究提供一些新的思路，本书将更有其存在的意义。